対人関係能力を育てる授業の最前線

実践！
ソーシャルスキル教育

中学校

相川 充・佐藤正二 編

図書文化

まえがき

　対人関係にかかわる具体的な知識や技術を教師が教室のなかで子どもたちに教えようとする教育実践，これをソーシャルスキル教育と呼んでいる。この呼び方は，1999年に出版された小林正幸・相川充（編）『ソーシャルスキル教育で子どもが変わる』（図書文化）で初めて公的に使われた。この本がきっかけとなり，ソーシャルスキル教育は，全国の小学校で活発に実践されるようになった。その実践の一端は，昨年出版された佐藤正二・相川充（編）『実践！　ソーシャルスキル教育　小学校』（図書文化）にまとめられている。

　本書は，上記2冊の性質をかねそなえた，中学校教師のためのソーシャルスキル教育の入門書かつ実践報告集である。

　中学校教師は，専門教科を通して生徒たちと接しているため，たとえ学級を担任していても生徒たちとの接触の時間が限られている。生徒の側も教師と距離をおこうとする。中学校教師は，子どもたちがもはや親や教師の言うこと素直に聞き入れる年齢ではないことを日々思い知らされている。

　他方で，子どもたちのいじめや暴力，非行，不登校，引きこもりが深刻になるのは中学校のときである。中学校教師は，これらの問題の解決を迫られている。専門教科さえきちんと教えていればよいという考えは通用しない。

　こうした状況のなかにいる中学校教師のために本書は編まれた。個々の生徒が抱えている問題のすべてが人間関係に起因するとはいえない。しかし，一人一人の生徒がソーシャルスキルを身につければ，つまり，友達との関係や教師との関係の築き方を学び，自分の感情のコントロール法を知り，自分の思いを相手に的確に伝える技術を身につければ，これらの問題は解決の方向に向かって動き出すに違いない。

　本書によって，まず，ソーシャルスキル教育が生徒のさまざまな問題に適用できることを知っていただきたい。次に，本書の実践例を参考に，ぜひ実際にソーシャルスキル教育を試みていただきたい。実践してみれば，この教育法の効力を味わうことができる。同時に，本書での実践例では不足している点もみえてくるはずである。

　ソーシャルスキル教育に定型はない。本書から出発し，各自が独自のソーシャルスキル教育を工夫して，本書を超えていっていただきたい。

平成18年9月

相川　充

実践！ソーシャルスキル教育　中学校

CONTENTS

まえがき

Part 1　ソーシャルスキル教育を中学校で行うには

第1章　中学校におけるソーシャルスキル教育の実践／8

第1節　ソーシャルスキル教育とは／第2節　ソーシャルスキル教育の進め方／第3節　ソーシャルスキル教育を学校に提案するときの展開例

第2章　ソーシャルスキル教育のためのアセスメント／22

第1節　アセスメントの必要性／第2節　アセスメントの内容／第3節　アセスメントの種類と実施方法／第4節　アセスメントの留意点

第3章　学校で行うソーシャルスキル教育の授業の進め方―中学生の実態に合わせた50分授業―／32

第1節　授業に入る前に／第2節　50分の進め方／第3節　授業が終わったら／第4節　ソーシャルスキル教育が効果的に行われるために

Part 2　中学生のための基本ソーシャルスキル

第4章　ソーシャルスキル教育の14の基本スキル／44

関係開始スキル
①さわやかにあいさつをする／52　②自己紹介をする／54　③仲間に誘う／56　④仲間に加わる／58

関係維持スキル
⑤しっかり話を聴く／60　⑥上手に質問をする／62　⑦気持ちに共感する／64　⑧あたたかい言葉をかける／66

主張性スキル
⑨はっきり伝える／68　⑩きっぱり断る／70　⑪やさしく頼む／72

問題解決スキル
⑫きちんと謝る／74　⑬怒りをコントロールする／76　⑭トラブル解決策を考える／78

Part 3　中学生へのソーシャルスキル教育の実践

第5章　担任教師とのコミュニケーションが苦手な生徒に対するソーシャルスキル教育／92
1年生（抽出生徒）・昼休み・全4回

第6章　ストレスの高い生徒へのソーシャルスキル教育／106
1年生・総合・全3回

第7章　適応指導教室におけるソーシャルスキル教育／116
全学年・適応指導教室・全4回

第8章　LD，ADHDをもつ生徒へのソーシャルスキル教育／128
1年生・個別指導・全8回

第9章　高機能自閉症・アスペルガー症候群の生徒へのソーシャルスキル教育／136
抽出生徒・民間教育機関・全20回

第10章　進路指導でのソーシャルスキル教育／144
3年生・総合・全6回

第11章　道徳教育でのソーシャルスキル教育／156
1年生・道徳・全3回

Part 4　感情コントロールをめざすソーシャルスキル教育の実践

第12章　非行予防プログラム／168
1年生・特活，学活・全17回

第13章　対人不安予防プログラム／182
全学年・道徳，学活，総合・全8回

第14章　抑うつ予防プログラム／192
2年生・学活，総合・全8回

資料

中学生用社会的スキル尺度／42　　自尊感情尺度／90　　中学生用ストレス反応尺度／101　　中学生学校社会的スキル尺度／102　　中学生用ソーシャルサポート尺度／104　　中学生用ストレス反応尺度／115　　ソーシャルスキル尺度（中学生用）／142　　自己記入式抑うつ評定尺度／166　　非行質問紙／178　　認知的共感性質問紙／179　　中学生用攻撃性質問紙（HAQS）／180　　メンタルヘルス・チェックリスト（中学生用・簡易版）／202

あとがき
著者紹介

Part 1

ソーシャルスキル教育を
中学校で行うには

第1章

中学校における
ソーシャルスキル教育の実践

佐藤正二・金山元春

第1節　ソーシャルスキル教育とは

1. ソーシャルスキルとは

　ソーシャルスキルとは，対人関係を円滑に運ぶための知識とそれに裏打ちされた具体的な技術やコツのことである。ソーシャルスキルの考え方には次のような特徴がある。

（1）ソーシャルスキルは学習性のスキルである

　ソーシャルスキルは，日常生活における対人経験を通じて学習される。ソーシャルスキルを学ぶ基本原理は，①教えられて，②まねをして，③試してみて，④結果から学んで，の4つである（小林・相川，1999）。

　あいさつを例にあげてみよう。幼い子どもが母親と散歩している場面を想像してほしい。近所のおばさんに会うと母親が子どもに「"こんにちは"っておじぎしてあいさつするのよ」とあいさつのスキルを言葉で教える（①）。続いて，その子は，母親が実際におじぎをしながら「こんにちは」と笑顔であいさつをし，それにおばさんが笑顔であいさつを返す様子を観察しながら，あいさつのスキルを見て学ぶ（②）。そして，この子が実際におじぎをしながら笑顔であいさつをしてみる（③）と，おばさんが笑顔であいさつを返してくれる（④）。すると，この子は次におばさんに会ったときも同じようにあいさつをするだろう。

このように，人は自分の行動に肯定的な結果が伴うとその行動を繰り返すようになる。必ずしもすべてがこの順序で進むわけではないが，私たちは，日常生活の中で，この4つの原理を組み合わせながら，たくさんのソーシャルスキルを学んでいるのである。

ソーシャルスキルの考え方では，対人関係がうまくいっていない子どもは，人と上手につきあうための方法をまだ学んでいないか，あるいは不適切な方法を誤って学んでしまったのだと考える。まだ学んでいないのなら，新たに学べばいいし，誤って学んだのなら，再学習すればいいと考えるのが，対人関係をソーシャルスキルの視点からとらえる際の基本的な発想である。従来，ともすると対人関係の問題は「内気な性格だから」とか，「短気な気性だから」などと性格や気性といった変化しにくいものに原因が求められることが多かっただけに，こうしたソーシャルスキルの考え方は新鮮なものである。

(2) ソーシャルスキルは観察できる具体的な行動として表現される

私たちは，日常，表に現れた言葉やしぐさ，表情を介して自分の考えや気持ちを伝え，かつ，相手の考えや気持ちを理解している。ソーシャルスキルが不足している人は，自分の考えや気持ちを言葉やしぐさ，表情で適切に表現することが苦手な人，または，相手の考えや気持ちを言葉やしぐさ，表情から理解するのが下手な人といえる。そこで，ソーシャルスキルの視点から対人関係の問題を扱う際には，適切な表現方法を具体的な行動レベルで取り上げる必要がある。学習目標が具体的行動として示されれば，学ぶ者にとっても理解しやすいといえる。

抽象的思考が可能になる中学生ぐらいの年齢になれば，必ずしも具体的な行動が伴わない「ものの考え方に関するスキル」（認知スキルと呼ぶ）を扱う場合もある。ただし，この場合も，ねらいは，ものの考え方を整理することで行動表出を促したり，表現を洗練させたりすることにある。すなわち，最終目標は具体的な行動レベルでの表現にある。

(3) ソーシャルスキルは周囲から好ましい反応を引き出す

無限にある対人行動の中でも，周囲から好ましい反応を引き出すものがソーシャルスキルと呼ばれる。例えば，他者に笑顔で「おはよう」と声をかけたら，笑顔で「おはよう」とあいさつが返ってくることである。このような心地よい体験を得られるので，人はそのスキルを再度使おうとする。このように，ソーシャルスキルのキャッチボールが自然に生まれる環境の中でソーシャルスキルは実行され，洗練されていくのである。

(4) ソーシャルスキルは個人の社会的適応を左右する

円滑な対人関係に必要なソーシャルスキルが不足している子どもは，社会的不適応に陥

る確率が高い。例えば，ソーシャルスキルが不足している子どもは，ほかの子どもとうまくやりとりができず，乱暴に振る舞ったり，集団から引っ込んだりするので，仲間から無視されたり，拒否されたりして，孤立してしまいやすい（佐藤ら，1988）。こうした状態は，仲間とのやりとりに必要なソーシャルスキルを学ぶ機会をさらに奪うことになる。その結果，周囲からますます無視や拒否を受けやすくなり，その子自身の不適応感も強まって自ら仲間との接触を避けるようになるという悪循環が生じる。

こうした状態にある子どもは，いじめの標的にされたり（杉山，2006），不登校になったり（小野，2006）することもある。さらに，こうした悪循環が何らかの形で断ち切られないと，不適応状態は長期にわたって続くことになる。追跡調査によれば，子どものころにソーシャルスキルが不足していた人は，青年になって非行に走ったり，成人してから精神面の問題を抱えたりする確率が高いという（アッシャー・クーイ，1996）。つまり，ソーシャルスキルは，現時点だけでなく将来の社会的な適応状態をも左右するといえる。

❷ ソーシャルスキル教育の背景

ソーシャルスキルの学習可能性に着目し，対人関係に問題を抱える個人に必要なソーシャルスキルをトレーニングすることで，その問題を解消しようとする心理療法が，ソーシャルスキルトレーニング（Social Skills Training，以下SST）である。従来，SSTは，ソーシャルスキルが不足しているために対人関係上の問題を抱える子どもに対して，個別や小集団の形態で実施されてきた。その有効性は多くの研究によって実証されている（佐藤・佐藤，2006）。SSTは，これまでに生徒指導や教育相談の分野において活用されてきた。本書のPart 3で紹介されている実践は，その活用例の一部といえる。

その一方で，最近では，特定の子どもだけでなく，学校において学級集団全体を対象に行われる集団SSTが盛んに実践されるようになった。その背景には社会状況の変化がある。

今日，少子化や核家族化あるいは都市化の進展に伴い，家庭でも地域社会でも子どもの人間関係は希薄になり，日常生活における対人経験を通じてソーシャルスキルを学ぶ機会は激減している。家庭では家族の人数も家族と接する時間も少なくなって，家族から人づきあいを教えてもらったり，自分の振る舞いに対してフィードバックをもらったりする機会が減っている。また，きょうだいの数も減っているので，きょうだい間で葛藤を経験したり，きょうだいをモデルにしたりしながらソーシャルスキルを学ぶ機会も少なくなっている。さらに，ソーシャルスキルを学ぶ絶好の機会であった地域における子ども同士の交

流も減少している。

　学校はたくさんの子どもが集団で生活する場である。ところが，ソーシャルスキルが不足した子どもが増えてくると，その集団生活の場は快適な場とはなりえない。学校は居心地の悪い場所となり，集団でいることに苦痛を感じる子が出てくる。その結果，集団はまとまりを失って学級崩壊に至ることもある。また，人づきあいのわずらわしさと居心地の悪さから暴力を振るったり，苦痛をまぎらわせるためにだれかをいじめたり，集団から退こうと不登校になる子が出てきたりもする。深刻化する教育問題の背景には，ソーシャルスキルが不足した子どもが増えてきたこともあげられる。

　他方，価値観や生活スタイルが多様化する現代社会では，協調的でしかも適切な自己表現を行える高度な社会性を身につけた人材が求められている。今後の社会を担う子どもには，ソーシャルスキルの学習がいっそう重視されることになるだろう。

　こうした問題意識から，学校で，すべての子どもに，ソーシャルスキルの学習機会を意図的，計画的に提供することによって，ソーシャルスキルの不足から派生する問題を予防し，子どもの社会性の発達に寄与しようと開発された技法が集団SSTである。こうした目的で行われる集団SSTは，心理療法というよりも教育技法であるので，現在では「ソーシャルスキル教育」（Social Skills Education，以下SSE）と呼称されることが多い。

❸ なぜ学校で行うのか

　「ソーシャルスキルの教育は学校で行うことなのか，本来は家庭の役割ではないか」との疑問，反論もあるかもしれない。しかし，すでに述べたように家庭や地域社会には，かつてのようなソーシャルスキルの学習機能を託しにくい。このような現状においては，子どもが多くの他者とともに一日の大半を過ごす学校という場所でSSEを行う必要があるといえる。また，学校で行うSSEには，次にあげるような学校ならではの利点がある。

（1）多くの子どもを同時に指導できる

　学校は義務教育を受けているすべての子どもが集う場所である。また，学校の活動は集団単位が基本である。学校ほど，組織的，効率的にSSEを行える場はほかにないといえる。

（2）互いのスキルの優れたところをモデルにできる

　すでに述べたように，ソーシャルスキルはモデルとなる他者の振る舞いを観察することで学習される。モデルと観察者に年齢や性別など類似点が多い場合，学習効果は高まることが知られている。この点で，学校の仲間は最もよいモデルといえる。

（3）学習したスキルが日常場面に定着するための条件が整いやすい

　　次にあげる条件が整うとSSEで学んだスキルは日常場面でも実行されやすくなる。①子どもがスキルを実際に使う日常的な場面でSSEを行う。②特定の相手だけでなく，いろいろな相手とスキルの練習をする。③普段の仲間と一緒にSSEに参加する。すると，日常生活の中でお互いの振る舞いをスキルの視点から評価するようになり，スキルの実行に対して好ましい反応が伴いやすくなる。学校はこうした条件が整いやすい場所である。

（4）指導者となる教師が存在する

　　学校では，教師が指導者となって，通常の授業時間を活用しながら，年間計画に組み込んだ体系的なSSEを行うことができる。また，子どもと学校生活をともにする教師は，学校でのあらゆる機会を通じて，学習したスキルの実行を促すことができる。

❹ 中学校で行うソーシャルスキル教育の意義

　　では，中学校でSSEを行う意義とは何か。中学校の時期は，対人関係の不調に起因する不登校やいじめなどの問題が急増する時期である。中学生の対人関係を良好にするSSEを行うことは，これらの問題を予防するための意義深い取り組みである。

　　加えて，中学校でのSSEには，発達的見地から独自の意義がある。ソーシャルスキルの8割ほどは小学校の段階で身につける（小林，2005）といわれており，われわれが生涯にわたって円滑な対人関係を営むためには，この時期にソーシャルスキルの基礎をしっかりと学んでおく必要がある。

　　一方，中学校では青年期以降必要となってくるような高度なスキルの学習が求められる。人間関係の発達理論によると，児童期と呼ばれる小学校の時期には遊び友達であった仲間が，青年期と呼ばれる中学校の時期には，悩みを相談し，心の痛みを分かち合える仲間へと変化していく（井上，1995）。ソーシャルスキルが対人関係を円滑に運ぶための技術であるならば，仲間関係の性質が異なる小学校の時期と中学校の時期では求められるソーシャルスキルも異なってくると考えられる。

　　例えば，青年期の仲間関係には自己開示が必要とされる。小野寺・河村（2002）は，自己開示は中学生の学級適応に必要なソーシャルスキルであることを指摘し，中学生を対象に調査研究を行い，自己開示が学級適応を促すことを実証している。また，仲間関係が親密になってくると，誤解や意見のくいちがいなどからトラブルが生じる機会も増えてくる。そうしたトラブルを解決するために必要なスキルが，問題解決スキルと呼ばれるものであ

る。このスキルは，小学校高学年以降，大人になるにつれて洗練されていくスキルであり（小林，2005），中学校の時期は問題解決スキルが洗練されていく渦中にある。

　渡辺・山本（2003）は，中学校は義務教育の最終期間であるため，その後の将来を見据えてソーシャルスキルを確実に習得しておく必要があると主張している。中学校では，幼児期，児童期を通じて学んできた基礎的なソーシャルスキルを土台として，青年期以降，大人になるにつれて必要となってくるような高度なソーシャルスキルの学習が重視されるといえる。

　また，中学校の時期はそれまでに学んできたスキルを洗練させる時期でもある。抽象的思考が可能になる中学生に対しては，具体的な行動表現のスキルに加えて，「ものの考え方に関するスキル（認知スキル）」を学ぶことによって，状況に応じて表現を適切に使い分けたり，表現を洗練させたりすることをめざしたSSEを積極的に行うことができる。

第2節　ソーシャルスキル教育の進め方

1 標的スキルの決定

　SSEを始める前に，どのようなスキルを取り上げるか決める必要がある。教育目標となるスキルは，標的スキルと呼ばれる。標的スキルは，アセスメントの結果にしたがって決定される。アセスメントの方法については第2章で解説する。また，標的スキルの候補となる，中学生に共通する基本スキルについては第4章で解説する。

2 ソーシャルスキル教育の基本要素

　標的スキルを決定したらSSEを始める。具体的な進め方については第3章で解説するので，ここでは基本要素について整理する。SSEは，ソーシャルスキルを学ぶ基本原理（①教えられて，②まねをして，③試してみて，④結果から学んで）が凝縮されて，効率的にソーシャルスキルを学ぶことができるように構成されているのが特徴である。

（1）インストラクション（言語的教示）
　これからどんなソーシャルスキルを学ぶのか，そのスキルを身につけることがなぜ大切

なのか，教師が生徒に話して聞かせたり，生徒と話し合ったりする。SSEの効果を高めるためには，できる限り工夫して，ソーシャルスキルを学ぶことの大切さを生徒に納得させ，SSEへの動機づけを高めておくことが大切である。特に，中学生はSSEに動機づけるのが最も難しい年齢といわれているので，このインストラクションがとても重要である。

（2）モデリング

　生徒に手本（モデル）を観察させてスキルを学習させようとする技法をモデリングと呼ぶ。モデルは，教師が行うときもあれば，スキルに長けた生徒に頼むこともある。また，写真やVTRの登場人物をモデルとするときもある。モデリングの効果を高めるためには，①モデルは生徒とよく似た特徴をもつか，あるいは，生徒が好意や親しみを感じる人にすること，②モデルの行動のポイントがよくわかるように言葉での説明を添えること，③モデルがスキルを実行するところだけでなく，スキルを実行したら肯定的な結果が得られたところを含めて見せること，などが大切である。

　モデリングでは，適切な例に加えて不適切な例を示すときがある。この際，不適切な例のほうをまねしたがる生徒がいるので注意が必要である。不適切な例は，適切な例だけでは生徒の理解が不十分なときに対比例として用いるくらいがよい。

（3）リハーサル

　リハーサルには言語リハーサルと行動リハーサルがある。言語リハーサルとは対人関係に関する知識を頭の中で言語的に反復させて記憶の定着を図ることである。しかし，「こんな場合はこうすればよい」と知っているだけでは，実際の場面でうまく実行できないことも多い。そこで，実際の行動を繰り返す行動リハーサルが必要となる。行動リハーサルにはロールプレイやゲームを用いることが多い。

　ロールプレイでは生徒にとって現実味のある具体的な場面を設定する。日常場面で実際にスキルを活用する力をはぐくむための留意点が3つある。①多様な場面を設定し，いろいろな相手と練習する。②スキルのバリエーションを増やす。例えば，物を借りる場面では「貸して」と言うだけでなく，「一緒に使おう」と言うこともできる。また，「貸して」と言ってもいつも貸してもらえるとは限らないので，貸してもらえないときには「後で貸して」と言って，いったん要求を取り下げる方法を教えることも大切である。このように，1つのスキルがうまく働かないときに用意しておく別のスキルを，バックアップスキルと呼ぶ。③不安や緊張の強い生徒に対しては，最初は本人の負担をできるだけ軽くする。例えば，教師がそばについて生徒と一緒に声を合わせてせりふを言うなどの援助をするとよ

い。そして，練習を重ねるたびに，生徒の様子を見ながら，少しずつ援助を引っ込めていくようにする。

　行動リハーサルにはゲームを用いる場合もある。これまでに，工夫を施したゲームがいくつか開発されている。小林・相川（1999），佐藤・相川（2005）などに紹介されているので参考にできる。生徒はゲームに参加するなかでスキルを楽しみながら繰り返し練習する。「このスキルを実行したら楽しかった，心地よかった」という体験は「またこのスキルを実行してみたい」という動機づけとして働くだろう。また，ゲームによる遊び場面は純粋な自由遊び場面とはいえないが，構造化されたロールプレイ場面よりも自由度が高く，日常の生徒同士の相互作用場面に近い状況を設定できるので，学習したスキルを日常場面にスムーズに移行させることができると考えられる。

（4）フィードバック

　フィードバックとは，生徒が実行したスキルの出来栄えについて，どこがよかったか，どうすればもっとよくなるか，といった情報を与えることである。ここでの留意点は3つある。①「ここがよかった」とうまくできた点を具体的に伝える。②うまくできなかった点を伝えるときには，例えば，「声が小さかった」と否定するのではなく，「もう少し大きな声で言うともっとよくなるよ」というように，「○○すればもっとよくなる」と肯定的な言い方をする。③SSEがある程度展開した後では，生徒がどのくらいうまくなったか知らせてあげることも大切である。

　フィードバックは教師が行う場合もあれば，生徒同士でお互いのスキルの出来栄えについて伝え合う場合もある。中学生など，話し合いができる年齢では，自分が心地よく感じたスキルを相手に伝える機会を積極的に設けるとよいだろう。なぜなら，ソーシャルスキルとは周囲から好ましい反応を引き出す行動のことを指しており，SSEでは実際にやりとりした相手が心地よく感じたスキルを学んでいくことが大切であるからである。

（5）定着化

　定着化とは，学習したスキルが日常場面で実行されるよう促すことである。すでに述べたように，学校で行うSSEでは，学習したスキルが日常場面に定着するのに必要な条件が整いやすい。SSEでは，そうした学校で自然に整う条件に加えて，定着化のためのさらなる工夫が必要である。例えば，次のような工夫が考えられる。①学んだスキルがどんな場面で使えるか考えさせたり，話し合ったりして，日常生活での実行を奨励する。②学んだスキルを思い出すためのポスターを教室や廊下に掲示する。③日常場面でスキルを実行す

る課題を与える。生徒に伝えるときには，抵抗感を生じさせる「宿題」という表現よりも，「やってみよう」と思えるような表現を工夫する必要がある。例えば，西村（2000）は，「今日の発見」として上手な人の様子を記録したり，「今日の挑戦」として自分が上手にできたときの様子を記録したりするワークシートを開発している。④朝の会や帰りの会などで，学んだスキルを簡単に練習したり，スキルのポイントを振り返ったりする時間を設ける。⑤SSEの授業以外の場面でも，SSEで学んだスキルを活用する機会を設ける。⑥学校のあらゆる場面でフィードバックを行う。その際は，生徒同士の自然なやりとりを中断したり，妨害したりすることがないように，短く声をかける，笑顔やあたたかな視線を投げかけるなど，さりげなく行うのがよいだろう。⑦SSEの内容をまとめた学級通信を配布し，保護者に協力を求めて，家庭で生徒がスキルを実行したら好意的に反応してもらったり，フィードバックを与えてもらったりする。

❸ ソーシャルスキル教育の実施上の留意点

　小林・相川（1999）が小学校でSSEを行う場合の留意点としてあげた次の5点は，中学校でSSEを行う場合にも大切な点である。すなわち，①楽しい雰囲気の中で行うこと，②学級の人間関係が乱れている場合は個別対応から取りかかること，③教師と生徒の関係が良好であること，④生徒が不安や怒りなどの感情の問題を抱えている場合は，その解消を優先すること，⑤SSEの効果が上がらないときは，標的スキルが生徒の実態に合っているか，SSEの基本要素が適切に機能しているか，チェックすること，である。

　小学校と中学校で大きく異なるのは，SSEに対する児童と生徒の動機づけである。中学生はSSEに動機づけるのが最もむずかしい年齢といわれている。自意識が強くなる思春期の時期にある彼らは，照れてしまったり，虚勢を張ったり，無関心を装ったりして，SSEへの参加に抵抗を示すことがある。

　動機づけの低い生徒，抵抗を示す生徒への対応として，西村（2000）は，次のような手だてを提案している。①活動内容を前もって知らせることによって不安を低減させ，心の準備をする機会を与える。②ティームティーチングの形態をとり，ペアやグループで活動するときは，指導者が相手となるか，そばでサポートする。③無理にすべての活動に参加しなくてもよい，できるものからやればよいということを伝える。④学習する内容の意義や重要性を確認する機会や，ゲームを通したリレーションづくりのための機会を事前に独立して設け，十分な時間をかけて，抵抗感がやわらぐまでじっくり話し合う。また，富山

県総合教育センター（2004）は，生徒自身が「学びたい」と思っているスキルを積極的に取り上げたり，生徒自身が「困っている」と感じている場面をロールプレイ場面に設定したりするといった工夫をしている。動機づけを高める工夫については，第3章でも紹介しているので参考にしてほしい。

　また，小学校と中学校では，学級担任制と教科担任制という違いがある。学級単位のSSEは，その学級の担任教師によって行われるのが通常である。教科担任制の中学校の場合でも，多くの教師は学級（ホームルーム）を受けもち，担任として学級経営にあたっているので，小学校と同じように，その学級の担任教師がSSEを行うことになるだろう。しかし，小学校教師が，担任する児童と学校生活のほとんどを共にするのに比べると，中学校教師が，担任する生徒と共に過ごす時間はあまり多くない。こうした体制の違いから，中学校では，SSEの授業以外の場面で，SSEで学んだスキルを活用する機会を設けたり，適切な行動がみられたときに確実にフィードバックを行ったりといった，スキルを定着させるための重要な取り組みが実践しにくいといえる。そこで，中学校では，小学校以上に，学校全体でSSEに取り組む努力をする必要がある。つまり，学校にいるすべての教師がSSEに関与することによって，学校のあらゆる場面において，生徒のソーシャルスキルの育成を図るような環境を実現するのである。

第3節　ソーシャルスキル教育を学校に提案するときの展開例

　SSEを学校現場に導入するためには，現場の教師にSSEについて理解を深めてもらう必要がある。そこで，表1に，職員研修などを通じてSSEを提案するときの展開例を示した。45分ほどの時間を想定しているが，SSEの模擬授業にどのくらいの時間を割くかによって，1時間〜1時間30分くらいまで幅が出るものと予想される。この展開例は，教師に対する意識調査の結果（金山・佐藤，2006）に基づいて作成されており，中学校教師がSSEに興味をもてる内容となるように工夫されている。例えば，調査報告によると，中学校でSSEを行うとすれば「誤解や意見のくいちがいなどのトラブルを上手に解決する」スキルを取り上げたいとする中学校教師が多かったので，SSEの実践例を紹介する際にはこのスキルを取り上げることを奨めている。また，この調査では，教師がSSEに対して抱く疑問や批

判（例えば，「学校で教えるの？」「機械的な感じがする」）も報告されている。こうした疑問や批判に対する筆者なりの応答は金山・佐藤（2006）にまとめた。それらを参考にしながら自分なりの応答を考えてほしい。

　表1の展開例は金山・佐藤（2006）を改訂したものである。これは，一例にすぎないので，本書や関連文献を熟読し，それぞれの現場に応じたアレンジを加えてもらいたい。

表1　ソーシャルスキル教育を提案するときの展開例

（1）深刻化する教育問題（いじめ，不登校，学級崩壊，暴力など）の背景には，ソーシャルスキルが不足した子どもが増えてきたこともあげられると問題提起を行う。

（2）ソーシャルスキルとSSEについて説明する。

①「ソーシャルスキル」とは，対人関係を円滑に運ぶための知識とそれに裏打ちされた具体的な技術やコツのことである。

②ソーシャルスキルを学ぶ基本原理は4つ（教えられて，まねをして，試してみて，結果から学んで）あり，われわれは日常生活における対人経験を通じて自然にソーシャルスキルを学んできた。

③ところが，今日では，少子化や核家族化あるいは都市化の進展に伴い，家庭でも地域社会でも人間関係は希薄になり，日常生活における対人経験を通じてソーシャルスキルを学ぶ機会は激減している。

④学校はたくさんの子どもが集団で生活する場である。ところが，ソーシャルスキルが不足した子どもが増えてくると，その集団生活の場は快適な場とはなりえない。学校は居心地の悪い場所となり，集団でいることに苦痛を感じる子が出てくる。その結果，集団はまとまりを失って学級崩壊に至ることもある。また，人づきあいのわずらわしさと居心地の悪さから暴力をふるったり，苦痛をまぎらわせるためにだれかをいじめたり，集団から退こうと不登校になる子が出てきたりもする。

⑤他方，価値観や生活スタイルが多様化する現代社会では，協調的でしかも適切な自己表現を行える高度な社会性を身につけた人材が求められている。今後の社会を担う子どもには，ソーシャルスキルの学習がいっそう重視されることになるだろう。

⑥家庭や地域社会にかつてのようなソーシャルスキルの学習機能を託しにくい現状においては，学校でソーシャルスキルを教育する必要がある。

⑦学校は子どもが一日の大半を過ごす場所である。学校にはスキルの見本となったり，学んだスキルを実際に試してみたりする相手である仲間がいる。そして，学校には体系的な指導のできる教師も存在する。ソーシャルスキルを学ぶのに学校ほど適した場はない。

⑧こうした問題意識から，学校で，すべての子どもに，ソーシャルスキルの学習機会を意図的，計画的に提供することによって，ソーシャルスキルの不足から派生する問題を予防し，子どもの社会性の発達に寄与しようと開発された教育技法が「ソーシャルスキル教育（SSE）」である。

（3）中学校で行うSSEの意義を伝える。
　①中学校の時期は，対人関係の不調に起因する不登校やいじめなどの問題が急増する時期である。よって，中学生の対人関係を良好にするSSEを行うことは，これらの問題を予防するための意義深い取り組みである。
　②中学校の時期には，幼児期，児童期を通じて学んできた基礎的なソーシャルスキルを土台として，青年期以降，大人になるにつれて必要となってくるような高度なソーシャルスキルの学習が重視される。また，それまでに学んできたスキルを洗練させる時期でもある。中学校は義務教育の最終期間であるため，その後の将来を見据えてソーシャルスキルを確実に習得しておく必要がある。

（4）対人関係の問題を性格や気性といった変化しにくいものでなく，ソーシャルスキルという人づきあいの技術としてとらえると，具体的で学習可能な教育目標を設定することができる。
　（標的スキルの例として，本書で紹介されている基本スキルを紹介する）

（5）SSEの基本的な進め方（インストラクション→モデリング→リハーサル→フィードバック→定着化）を説明する。

（6）SSEの実践経験があるものは，デモンストレーションとして簡単な模擬授業を行う。
　（模擬授業は「誤解や意見のくいちがいなどのトラブルを上手に解決する」スキルを取り上げたものが望ましい）

（7）実践事例を紹介し，その成果について図表を用いて説明する。
　（紹介する実践事例は「誤解や意見のくいちがいなどのトラブルを上手に解決する」スキルを取り上げたものが望ましい）

（8）SSEの効果は科学的に検証されていることを伝える。

（9）質疑応答の時間をできるだけゆとりをもって設ける。
　（SSEに対する疑問・批判について応答できるように自らの考えをまとめておく。疑問・批判が出ない場合，SSEの批判的側面とそれに対する自らの見解を伝え，提案者がSSEの批判的側面をきちんと自覚したうえで学校での安全な実施を図ろうとしている姿勢を示してもよい）

（10）本書を紹介するなど，読書案内を行う。

引用文献

・S.R.アッシャー／J.D.クーイ（編著），山崎晃・中澤潤（監訳）『子どもと仲間の心理学―友だちを拒否するこころ―』北大路書房，1996年。

・井上徹「青年期以降の人間関係」安東末廣・佐伯榮三（編）『人間関係を学ぶ―本質・トレーニング・援助―』ナカニシヤ出版，1995年，47-53頁。

・金山元春・佐藤正二「中学校にソーシャルスキル教育を提案する―教師に対する意識調査に基づいて―」『宮崎大学教育文化学部附属教育実践総合センター研究紀要』14，2006年，35-46頁。

・西村美香「子どもどうしのよりよい関係づくり」國分康孝・中野良顯（編）『これならできる教師の育てるカウンセリング』東京書籍，2000年，175-192頁。

・小林正幸『先生のためのやさしいソーシャルスキル教育』ほんの森出版，2005年。

・小林正幸・相川充（編）『ソーシャルスキル教育で子どもが変わる　小学校』図書文化，1999年。

・小野昌彦「SSTによる不登校への対応」佐藤正二・佐藤容子（編）『学校におけるSST実践ガイド―子どもの対人スキル指導―』金剛出版，2006年，129-143頁。

・小野寺正己・河村茂雄「中学生の学級内における自己開示が学級への適応に及ぼす効果に関する研究」『カウンセリング研究』35（1），2002年，47-56頁。

・佐藤正二・相川充（編）『実践！ソーシャルスキル教育　小学校』図書文化，2005年。

・佐藤正二・佐藤容子（編）『学校におけるSST実践ガイド―子どもの対人スキル指導―』金剛出版，2006年。

・佐藤正二・佐藤容子・高山巖「拒否される子どもの社会的スキル」『行動療法研究』13（2），1988年，26-33頁。

・杉山雅彦「SSTによるいじめへの対応」佐藤正二・佐藤容子（編）『学校におけるSST実践ガイド―子どもの対人スキル指導―』金剛出版，2006年，118-128頁。

・富山県総合教育センター「児童生徒の社会性に関する調査研究（最終報）―中学生における社会的スキルの育成―」『富山県総合教育センター研究紀要』23，2004年，53-78頁。

・渡辺弥生・山本弘一「中学生における社会的スキルおよび自尊心に及ぼすソーシャルスキルトレーニングの効果―中学校および適応指導教室での実践―」『カウンセリング研究』36（3），2003年，195-205頁。

第2章
ソーシャルスキル教育のための
アセスメント

戸ヶ崎泰子

　われわれは，体調が悪いと病院に行く。そして，医師から問診や医学的検査を受けたりし，その結果，診断に基づいて治療を受ける。検査や問診が何もないまま治療を受けることは決してないだろう。さまざまな医学的検査や問診は，病気や体調不良の原因や病態を客観的に知るために必要な手続きであり，そこで得られた情報は，治療方針や治療方法を決定する重要な情報といえる。

　これは，教育や心理治療の場面においても同様である。医療での診断にあたるものがアセスメントである。本章では，ソーシャルスキル教育（以下，SSE）の実践で用いられるアセスメント方法には，どのようなものがあるのか紹介していくこととする。

第1節　アセスメントの必要性

　普段の生徒指導は，「A君は，クラスメートとトラブルを起こしやすい」とか「Bさんは，コミュニケーションが苦手な生徒だ」といった理解に基づいて行われていることが多い。この判断は，普段の指導の中でみられる対人場面での態度やエピソードから推測された結果であるといえる。このように，普段の行動を観察して総合的に判断し，的確な情報を得られるか否かは，教師の力量や経験年数などによって変わってくる。また，生徒の社会性の大まかな様子を把握することはできても，生徒一人一人の対人関係上の課題を客観的に，かつ詳細に把握することができるかという疑問が残る。

例えば，生徒指導に苦労している教師が「A君は，いつも友達とトラブルを起こす生徒なので，指導が必要だ」と考えたとする。しかし，どのような指導が必要であるかを検討しようとすると，具体的な方策が浮かばないだろう。なぜなら，A君は，たしかに友達とトラブルを起こす生徒であるが，「いつもトラブルを起こす」というとらえ方では，どのような状況でどのような不適切行動があるのか，またそのような不適切行動の原因や背景などを明確にすることができないからである。

　適切で効果的な指導を行うためには，生徒の対人関係上の課題についての詳細な情報を集めることが必要である。このような詳細な情報を収集・分析し，指導に反映させることを，アセスメントという。

　SSEの実施にあたっては，学級全体の状態や子どもの実態をできるだけ詳細，かつ客観的にアセスメントしておかなければならない。また，アセスメントの対象となる生徒の数が多いことから，できるだけ効率のよいものであることも必要である。SSE実施前のていねいなアセスメントが，SSEの成果の鍵になるといっても過言ではない。このように，ソーシャルスキルの指導や教育において，アセスメントは必要不可欠な手続きであるが，その目的は以下のように整理することができる。

1 ソーシャルスキル教育のターゲットを検討する

　SSEを実施する際には，まず，目的をはっきりさせることが必要である。例えば，SSEをすることで，学級全体の学校適応を高めようとしているのか，ストレスマネジメントの力をつけようとしているのか，あるいは特定の生徒の対人関係の不調を改善しようとしているのかを明確にしておくということである。

　次に，どのようなスキルを教えるのかを検討しなければならない。その標的スキルは，SSEの目的にかなったものでなければならないし，対象となる生徒たちに必要なスキルでなければならない。その上で，指導回数を何回にするのか，どのような指導プログラムにするのか，どのような形態で実施するのかを決定する。

　アセスメントをせずにSSEの目的や標的スキルを決定してしまうと，生徒にとってSSEを受けることが意味のないものになりかねない。アセスメントを実施すれば，適切な目標設定やスキルの決定ができ，効果的な指導プログラムができるのである。

❷ ソーシャルスキル教育の効果を確認する

アセスメントのもう一つの目的は、SSEの効果を確認することである。教師がSSEを実施しようと考えるときには、学級経営をするうえで何らかの課題や問題があると感じていることが多い。SSEを実施したことで、その課題や問題に何らかの変化が生じていることを期待するのは当然のことである。

しかし、事前のアセスメントがなされていなければ、「学級の雰囲気がよくなった」「最近、C君は明るくなった」といった主観的で漠然とした印象だけでSSEの効果を判断することになる。もちろん教師の主観的な判断も貴重な情報ではあるが、主観的で漠然とした印象のみでSSEの効果を判断すると、誤った判断を下してしまう危険がある。

なぜならば、教師がSSEに期待を寄せていればいるほど、わずかな変化を過大視して効果があったと見なしてしまうからである。客観的な判断基準を用いたアセスメントを事前に実施し、同じ基準で事後のアセスメントをしておけば、客観性の高い説得力のある情報を得ることができ、SSEを実施する意義を周囲に認めさせることもできるのである。

事後のアセスメントで、SSEの目標が達成されていなかったり、十分な効果が得られていないと判断された場合は、実施回数を増やしたり、プログラムの見直しを図ったりする。目標が達成されている場合は、プログラムを終了したり、次のステップに進んだりする。このようにアセスメントをすることで、より効果的なSSEの実現が可能になる。

第2節 アセスメントの内容

❶ ソーシャルスキルの3つの側面をアセスメントする

第1章で述べたように、ソーシャルスキルには、「対人関係を円滑に運ぶための知識」と「それに裏打ちされた具体的な技術」という側面がある。「具体的な技術」はさらに、言葉に関連する「言語的側面」と、身ぶり手ぶり、表情などの言葉以外の「非言語的側面」とに分けることができる。つまり、ソーシャルスキルは、「知識の側面」「言語的側面」「非言語的側面」の3つの側面からなっている。このうち「知識の側面」とは、例えば

「初対面の人に自己紹介するときには，笑顔で自分の得意なことを話すとよい」ということを知っていることであり，この知識に基づいて実際に自分の得意なことを話すことが「言語的側面」，実際に笑顔になることが「非言語的側面」である。

　ソーシャルスキルをアセスメントする際には，これら3つの側面すべてを対象にすることが望ましい。「知識の側面」のアセスメントとは，ある場面で目標を達成するためにはどのように振る舞えばよいのか，またはどのように発言すればよいのかといったことを生徒が知っているかどうかを評価することである。「言語的側面」のアセスメントとは，ある場面で実際にどのような内容の話をしているか，言葉遣いは適切か，話の組み立て方は説得的かなど，言葉に関連することを評価することである。「非言語的側面」のアセスメントとは，アイコンタクトや声の大きさや表情，相手との距離の取り方などについて評定することである。

❷ スキルの使用状況についての視点をもつ

　アセスメントを実施する際には，どんな場所，どんな相手にスキルを使用することができているのかといった視点を持つことも大切である。例えば，相手が大人だとスキルを使用することができるが，同級生に対してはうまくできない生徒もいるかもしれない。教室で落ち着いて学習に取り組んでいる場面ではていねいな言い方ができていても，体育や休み時間で気分が高揚しているような場面では乱暴な言い方が目立つ生徒もいるかもしれない。このように，ソーシャルスキルの使用が可能な場面や相手について確認することも大切な視点である。

❸ ソーシャルスキルの獲得不足か，実行困難かを区別する

　ソーシャルスキルに問題があると考えられる場合，スキルの獲得が不十分なためなのか，スキルの実行に困難があるためなのかを区別して評価する必要がある。ソーシャルスキルの獲得が不十分であるならば，スキルの獲得に重点をおいたSSEが必要となるであろうし，スキルの実行が困難である場合には，スキルの実行を促すようなSSEが必要である。

　ソーシャルスキルの獲得が不十分なのか，実行が困難なのか区別してアセスメントしたうえで，さらに，実行が困難な場合には，実行を妨害している要因は何かについてのアセスメントも必要である。

❹ スキルの向上によって変化する要因も評価する

　SSEには，生徒一人一人のソーシャルスキルを向上させることで，よりよい人間関係を築くことができるようにする，ストレスを低減する，学級や学校への適応力を高める，さらには，学級全体の凝集性を高めるといった効果が期待できる。このような，ソーシャルスキルの向上に合わせて変容させたい要因についてのアセスメントも必要である。

　以上のことから，ソーシャルスキルのアセスメントは，生徒のソーシャルスキルの特徴を把握するだけではなく，スキルの獲得と実行を妨害する要因やスキルの向上に伴って変化する要因についても評価するといった多面的なアセスメントが必要である。どのような方法を用いてアセスメントすればよいかについては，第3節で紹介するものなどを参考にしながら，目的にあわせて適切なアセスメント方法を選択するとよい。

第3節　アセスメントの種類と実施方法

　ソーシャルスキルのアセスメントには，さまざまな方法がある。この節ではそれらの方法の中から，教師が実施するアセスメント方法と生徒が実施するアセスメント方法の2つの観点から紹介する。

　教師が実施するアセスメント方法

（1）行動観察法

　生徒の行動を自然な状況のもとで観察，記録，分析し，行動の質的・量的特徴や行動の法則性を解明しようとする方法が行動観察法である。

　行動観察を実施するには，前もって，観察対象とする行動を明確にしておく必要がある。これをしないまま教室や校庭などで生徒の様子を漠然と見ていると，教師の主観で判断・解釈してしまう危険がある。例えば「生徒の『友達とのやりとり』と『傍観的行動』を観察しよう」と，観察対象をはっきり決めるのである。

　客観的で信頼性のある観察をするには，観察対象にする行動をなるべく具体的に定義しておくとよい。例えば，「友達とのやりとり」とは「友達に自分から働きかけること，お

よび友達の働きかけに応答すること」,「傍観的行動」とは「仲間の近くで, 関心をもって仲間の様子を見ているだけで, 遊びや活動に参加していないこと」などと定義する。

　観察対象の行動が決まったら, 次に, その行動の出現の様子を記録するチェックリストを作成する。このチェックリストは, 行動の出現頻度を明らかにしたいときは, 例えば「正」の字を書く欄を設けておき, 行動が出現するたびにその欄に１本, 線を書き込むのである。質的な特徴を評定したいときは, 評定尺度を用意する。

　図１は,「友達とのやりとり」という観察対象において,「非言語的側面」は質的に,「言語的側面」は量的に評定するためのチェックリストである。

日　　時	9月20日　午後3時～3時半
観察場所	校庭
観察対象	友達とのやりとり

質的	
非言語的側面	
① アイコンタクト	B
② ほほえみ	D
③ 相手との距離	C
④ 声の大きさ	A
⑤ 表情	C

適切　　　　　　不適切
A……B……C……D……E

量的	
言語的側面	
1　肯定的発言	
① 感謝の言葉	丁
② 気配りを示す言葉	一
③ 励ましの言葉	
④ 共感を示す発言	
⑤ 肯定的な気持ちを示す言葉	
2　否定的発言	
① 乱暴な言葉	正一
② 侮辱する言葉	下
③ イヤミ, からかいの言葉	正丁
④ 否定的な気持ちを示す言葉	正

図１　行動観察法のチェックリストの例

　以上のような準備ができたら, 観察を実施する。その際, 観察対象の行動の持続時間も確認したいときには（例えば「友達とのやりとり」が何分続いたか記録したいとき）, ストップウォッチを用意しておく。

観察は，教師1人ではなく，複数で実施すると客観性が高まる。また，教師が直接観察するやり方でもよいが，ビデオカメラで撮影しておき，後でチェックするという方法もある。ただし，生徒はビデオカメラを向けられると，普段とは様子の異なる行動をすることがあるので，どのようにビデオカメラを導入するかについては工夫が必要である。

（2）面接法

教師が一人一人の生徒と直接会って，生徒のソーシャルスキルの特徴を把握する方法である。漫然と話をするだけだと，行動観察法と同様，生徒のソーシャルスキルに関する情報が偏ったものになり，生徒の実態を客観的に理解できないので，あらかじめ面接で質問する内容を決めておくとよい。質問内容を決めておくことで，どの生徒からも一貫した視点からの情報を得ることができる。

図2のような枠組みで質問内容を検討すれば，スキルの実行状態や知識に関する情報だけでなく，スキルの実行を妨害する要因や生徒が感じている対人関係上の問題も把握することができる。具体的な質問事項の例については，表1を参照されたい。

面接で得られる情報は，生徒が教師と会話をすることに抵抗を感じていたり，緊張を感じていたりするような場合，正確でなかったり，不足したりする。そのような事態にならないためには，日頃から生徒との信頼関係を築いておかなければならない。面接場面では，生徒が安心して率直に話ができるような雰囲気をつくる配慮が必要である。

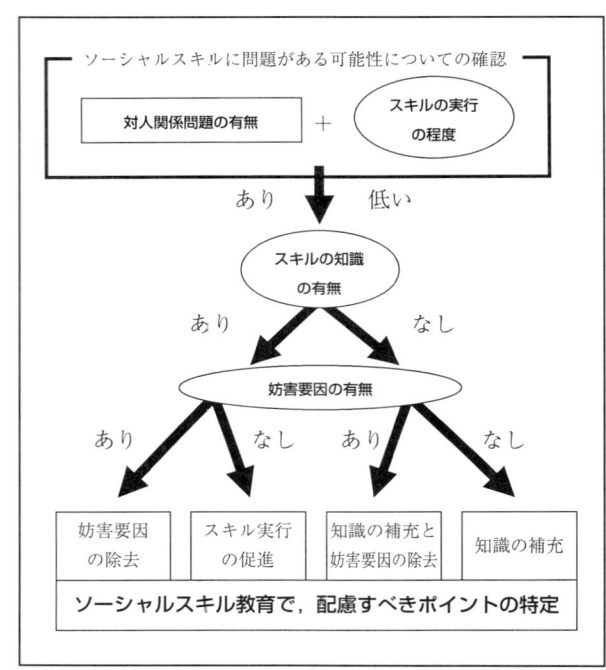

図2　面接からポイントを決定するまでの過程

（3）教師評定尺度法

すでにあげた方法によるアセスメント結果の客観性をより高める方法として教師評定用のソーシャルスキル尺度を併用する方法（教師評定尺度法）がある。中学校版教師評定用ソーシャルスキル尺度の十分な標準化については，今後の研究に期待するものの，小学校版の転用や信頼性・妥当性がある程度確認されている尺度を利用することが可能である。

表1　面接法の枠組みと質問事項の例

枠組み	質問事項（標的スキル：仲間の誘い方）
ソーシャルスキルに関する知識	・友達を誘うとき，どんな言い方が一番よいと思いますか。そのとき，表情や声の調子はどんな感じがよいでしょうか。 ・友達を誘って断られたとき，何と言いますか。
ソーシャルスキルの実行の程度	・友達を誘ったときに，何と言って誘いましたか。 ・いまから，私を友達だと思って，友達を遊びに誘ってみて下さい（ロールプレイ）
ソーシャルスキルの妨害要因	・友達を誘いたいのに誘えないのは，どうしてだと思いますか。 ・友達を誘おうとすると，緊張したり，不安になったりしますか。
対人関係問題の有無と内容	・（ある特定の子を誘えない場合）その子に対して，どういう気持ちをもっていますか。 ・学級に仲のよい友達はいますか？学級の中で楽しく過ごせていますか？

生徒が実施するアセスメント方法

(1) 自己評定尺度法

　自己評定尺度法とは，生徒に評定尺度を配布し，質問項目と自分の行動や感情などを照らし合わせて，合致する程度を回答してもらうものである。この方法は，外見からは判断することが難しい感情や認知面の評価が可能であるというメリットがある。

　中学生を対象としたソーシャルスキルの自己評定尺度には，嶋田（1998。P.42参照）や戸ヶ崎ら（1997）などがある。小・中学生の双方に実施可能なものには，渡邊ら（2002）の作成した尺度がある。いずれの尺度も，項目数や測定するソーシャルスキルの領域が異なっているので，どの尺度を用いるかについては，SSEの目的にかなうものを選択する必要がある。

　例えば，戸ヶ崎ら（1997）の尺度は，友人関係の形成にかかわるスキルについて尋ねる25項目で構成されている。渡邊ら（2002）の尺度は，友人や教師との関係にかかわるスキルやセルフコントロールと関連する項目，全29項目からなる。

　第2節で述べたように，SSEで必要とされるアセスメントは，ソーシャルスキルだけに限らない。スキルの実行を妨げる要因や，スキルが向上することで変化する要因についてのアセスメントも必要である。そういったソーシャルスキルと関連する要因を測定するものには，自尊感情（戸ヶ崎ら，1998），セルフ・エフィカシー（赤松ら，2005），攻撃性（大竹ら，1998）などがある。また，生徒の学校適応や対人関係の特徴を測定する尺度と

しては，学校ぎらい感情を測定するもの（古市，1991），友人関係測定尺度（戸ヶ崎，1998），子どもの抑うつや不安などの情緒的側面を測定するもの（真志田ら，2005；傳田ら，2004；石川ら，2001）がある。ストレスマネジメントの観点からSSEを実践しようと考えているのであれば，ストレッサーやストレス反応（三浦，2002）などのストレスと関連する要因の測定は欠かせない。

　自己評定尺度法で得られた回答は，生徒自身が考える自分自身の行動や感情，思考の程度である。したがって，教師や周囲の者からみた生徒の実態と一致しないことも起こりうる。また，理想とする自己をイメージしながら回答してしまうこともある。あるいは，社会的望ましさに影響されたり，教師や仲間からのネガティブな評価を心配して心理的防衛が働いたりして，回答が無意識に一般的に望ましい方向に傾いてしまうこともある。

第4節　アセスメントの留意点

　最後にアセスメントにおける重要な留意点を述べておく。

　第1点は，1つのアセスメント方法や尺度で明らかになることは，生徒の特徴の一部分にすぎないということである。SSEの実践に必要な生徒の情報をしっかりと得るためには，複数のアセスメント方法や尺度を用いる必要がある。例えば，ソーシャルスキルについて，生徒に自己評定させることと，教師の観察，保護者から家庭での様子を聞き取ることを組み合わせることで，ソーシャルスキルに関する自己認識と実態とのずれ，状況と関係なくスキルを発揮できているのかといったことがわかってくる。このようなアセスメントの目的に合わせて複数のアセスメント方法や尺度を組み合わせることをテストバッテリーと言う。

　第2点は，アセスメントは，生徒のラベリングのためのものではなく，有効な指導や支援を実行するために実施するものだということである。アセスメントをすることで，生徒一人一人の心理面・行動面の特徴を把握することができる。アセスメントで，心理面・行動面の特徴が適応的ではない生徒がみつかると「だから，あの生徒は友達関係のトラブルを抱えているのだ」と原因が明確になっただけで安心してしまい，肝心なステップである「ではどのような指導が必要なのだろう」という検討をおろそかにしてしまうこともある。

どのような目的でアセスメントを行うのかをしっかりと意識した取り組みが必要である。

引用文献

- 赤松亜紀・小野久美子・小田美穂子・早馬俊・嶋田洋徳「児童生徒における一般性セルフ・エフィカシーの測定」『日本行動療法学会第31回大会発表論文集』，2005年，288-289頁。
- 傳田健三・賀古勇輝・佐々木幸哉・伊藤耕一・北川信樹・小山司「小・中学生の抑うつ状態に関する調査―Birleson自己記入式抑うつ評価尺度（DSRS-C）を用いて―」『児童青年精神医学とその近接領域』45（5），2004年，424-436頁。
- 古市裕一「小・中学生の学校ぎらい感情とその規定要因」『カウンセリング研究』24（2），1991年，123-127頁。
- 石川信一・坂野雄二「日本語版SCAS（スペンス児童用不安尺度）作成の試み」『早稲田大学臨床心理学研究』1，2001年，75-84頁。
- 真志田直希・大園秀一・鈴木伸一「児童生徒の抑うつ状態の評価と実際」『日本行動療法学会第31回大会発表論文集』，2005年，292-293頁。
- 三浦正江『中学生の学校生活における心理的ストレスに関する研究』風間書房，2002年。
- 大竹恵子・島井哲志・曽我祥子・嶋田洋徳「中学生用攻撃性質問紙（HAQS）の作成（1）―中学生のデータによる因子的妥当性・信頼性の検討―」『日本心理学会第62回大会論文集』，1998年，930頁。
- 嶋田洋徳『小中学生の心理的ストレスと学校不適応に関する研究』風間書房，1998年。
- 戸ヶ崎泰子・岩上高志・嶋田洋徳・坂野雄二「中学生のセルフエスティームに関する研究（1）―セルフエスティームと社会的スキルの関係―」『日本心理学会第62回大会発表論文集』，1998年，962頁。
- 戸ヶ崎泰子・岡安孝弘・坂野雄二「中学生の社会的スキルと学校ストレスとの関係」『健康心理学研究』10（1），1997年，23-32頁。
- 戸ヶ崎泰子「中学生の社会的スキルと友人関係との関係」『松蔭女子短期大学紀要』14（1），1998年，135-153頁。
- 渡邊朋子・岡安孝弘・佐藤正二「児童用社会的スキル尺度作成の試み（1）」『日本カウンセリング学会第35回大会発表論文集』，2002年，93頁。

第3章
学級で行う
ソーシャルスキル教育の授業の進め方
―中学生の実態に合わせた50分授業―

南川華奈

第1節　授業に入る前に

　ソーシャルスキル教育（以下，SSE）の授業が生徒にとって十分に効果的であるかどうかは，授業に入る前の準備段階にかかっているといえる。SSEでは教え方そのものもさることながら，「何を教えるか」が重要になるからだ。それでは，生徒に教えるべきソーシャルスキルをどのように選んでいけばよいのであろうか。

1　生徒がどんなスキルを必要と感じているのかを知るために

（1）教師が決める？　生徒が決める？

　これまでのSSEでは，教育目標とするソーシャルスキル（標的スキル）は，教師や研究者が選んだものが多かった。しかし，教師の視点のみで標的スキルを選んだ場合，必ずしも生徒の実態に合致せず，生徒の「やってみようという気持ち」を低下させ，授業効果そのものが上がらないおそれがある。そこで，生徒の実態を把握し，標的スキルを選定しようとしたのが，次のソーシャルスキル特性図SSCFである。

（2）ソーシャルスキル特性図SSCF

　標的スキルの選び方，アセスメントの方法は，詳しくは第2章を参照されたい。本章では，最近筆者が研究を行っている「ソーシャルスキル特性図SSCF（Social Skills Characteristic Figures)」（以下，SSCF）という考え方を紹介する。SSCFとは，SSE実施学級の生徒たちが，同学年の生徒と比較してソーシャルスキルを「どのくらいよく行っているか（行っていないか）」を視覚的に図示したものである。ある学級のSSCFを図1（P.35）に示す。

まずは，以下に大まかなSSCF作成の手順を説明する。

① **質問紙による生徒のソーシャルスキル実践度を調査**

生徒にふだんどのくらいソーシャルスキルを実施しているかを質問紙で回答してもらう（P.41参照）。生徒は各質問に対して「ぜんぜんしない」「あまりしない」「ときどきする」「よくする」の4段階で回答し，それぞれ1点から4点に点数化する。

② **標準得点の算出**

まず，7つの標的スキルごとに学級の平均値を算出する。次に，表1の各学年のそれぞれのスキルの平均値と標準偏差値を利用して，学級ごとの各スキルの標準得点を算出する。標準得点の計算式は以下のとおりである。

$$\text{学級の各スキルの標準得点} = \frac{\text{学級の各スキルの平均値} - \text{学年の各スキルの平均値}}{\text{学年の各スキルの標準偏差値}}$$

＊7つの標的スキルは，「ルール遵守」「聴くスキル」「基本的な声かけ」「配慮」「主張」「誘う・入る」「トラブル解決」スキルである。各スキルの詳細は，P.41参照。

表1　各スキルの学年平均値と標準偏差値（SD）

各スキル	1年生平均	2年生平均	3年生平均
ルール遵守のスキル	3.53 (0.53)	3.43 (0.52)	3.42 (0.59)
聴くスキル	3.20 (0.65)	3.14 (0.64)	3.33 (0.66)
基本的な声かけスキル	3.26 (0.56)	3.12 (0.60)	3.26 (0.51)
配慮のスキル	3.23 (0.56)	3.07 (0.60)	3.18 (0.61)
主張性スキル	3.04 (0.56)	2.95 (0.60)	3.14 (0.51)
誘う・入るスキル	2.99 (0.63)	2.81 (0.63)	2.84 (0.72)
トラブル解決スキル	2.67 (0.69)	2.62 (0.73)	2.67 (0.71)
標準偏差	**0.30**	**0.26**	**0.27**

③ 図の作成

　②で算出した各スキルの標準得点7つをもとに，学級の各スキルの標準得点を棒グラフ，平均値を折れ線グラフで図示する。各スキルの標準得点は，0を基準にして，棒グラフが下向きに表示されているものは，同学年に比べて行われていないソーシャルスキルであり，逆に上向きに表示されているものは，同学年に比べてよく行われているソーシャルスキルということになる。

　標準得点とは「5段階成績」として表現すると，標準得点-1.5〜-2.0が成績でいう1に相当し，-0.5〜-1.5が2，-0.5〜+0.5が3，+0.5〜+1.5が4，+1.5〜+2.0が5に相当すると考えられる。

　以上のように，SSCFは，同年代の中学生群との比較により，学級のソーシャルスキルの程度を視覚的に把握できる。そのため，その学級にどのようなスキルが不足しているのかがとらえやすく，教育すべきスキルが簡便に把握できる。

　なお，ここで紹介した各学年の平均値は，今後もさらに多くの学校からデータの収集が行われるならば，もっと一般性のある基準を設定することができるだろう。

(3) SSCFを利用した学級の例

　ここで，中学校1学年において学級単位SSEを行う際のSSCF活用法の一例を紹介する。図1を見ると，この学級の生徒たちが，ふだんの生活の中でよく行っている，あるいはあまり行っていないスキルの特徴が表れている。例えば，「トラブル解決」スキルの標準得点値は0.86を示しているが，これは，この学級の生徒が同学年の生徒に比べ，上手にトラブル解決していると考えられる。いっぽう，「誘う・入る」「主張」スキルの標準得点値はそれぞれ-1.33，-0.52を示している。つまり，この学級の生徒が同学年の生徒たちに比べて，仲間に誘ったり，加わる，上手に主張するスキルをあまり行っていないと考えられるのである。そこで，この学級では，あまり行われていない「仲間に誘う」「仲間に加わる」，あるいは「主張」を標的スキルとしてSSEを行うのが適当であると考えられる。

　ただし，標準得点が低い値を示したからといって，必ずしもそのスキルを標的スキルとするのではなく，クラスの6〜7割程度の生徒が「よくする」「ときどきする」と回答しているスキルを目標スキルとすることが望ましい。スキルを適切に実施している生徒があまりにも少ないと，よいモデルとなる生徒が少なくなり，効果が得られないおそれがあるからである。

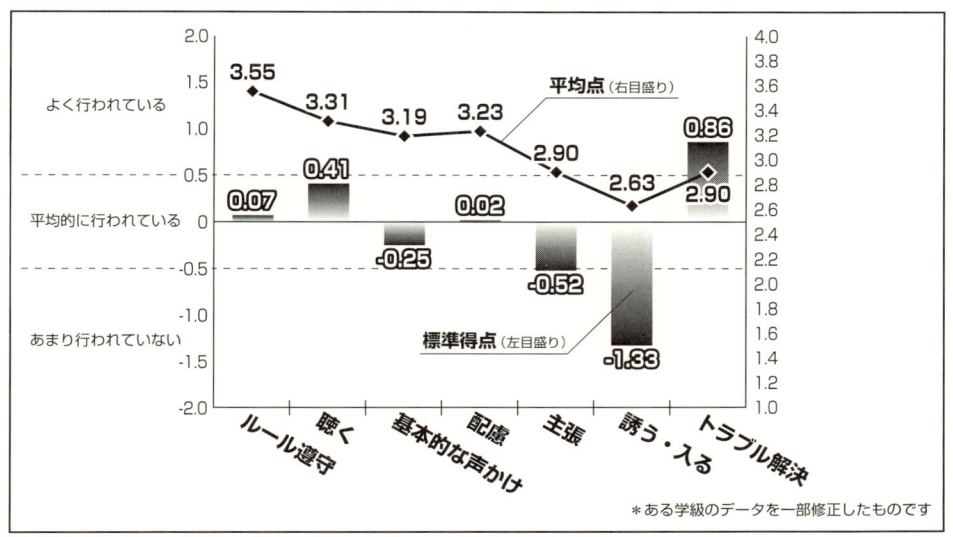

図1　1年A学級のSSCF

*ある学級のデータを一部修正したものです

❷ その他の下準備

　授業プランによっては，あらかじめスキルが得意そうな生徒にはSSE授業の内容を伝え，手伝いをお願いするかもしれないことを伝えておくとよい。また，SSE授業を実施する教師を補佐する教師がいると，うまくできない生徒へ十分な援助がしやすくなり，フィードバックも即時に行うことができる。

第2節　50分の進め方

　ここでは，50分の基本的な流れを，授業案「誘うスキルの実践例」を示しながら説明する。SSEは，インストラクション，モデリング，リハーサル，フィードバックの4つのステップがある。通常はこの順番をとることが多いが，実際には明確にステップに分かれていない場合も多く，各要素が絡まって構成される。SSEに慣れてきたところで，状況に応じて授業の構成を工夫するとよい。ただし，基本的には，この4つのステップのどれか一つでも抜けてしまっては効果が落ちてしまう。なお，本実践例は『ソーシャルスキル教育で子どもが変わる』（小林・相川，1999）P.74～77をもとに構成されている。

● 基本的な授業の流れ

（1）インストラクション（言語的教示）

　ここでは，生徒に，これから行うSSEでどういうことを学んでほしいのか，スキルを実施する際のポイントなどを伝える。ただ伝えるだけではなく，生徒自身に「なぜこのスキルが自分たちに必要なのか」「どうしたらうまくいくのか」を考えさせることが重要である。

（2）モデリング

　モデリングでは，スキルを使用したあるモデルの一連の流れを見て学習を促進させる。ふだんあまり意識しないが，私たちは人のまねをして学習することが多い。ここで，ソーシャルスキルを上手に使用している姿を見て「ああいうふうにやればいいんだ」と理解させたり，不適切なモデルを見て「あのようなスキルの使い方をすると不利益を被ることがある」と理解させたりする。右に示すのは，単純な展開であるにもかかわらず，生徒たちが目の前で行われる演技に夢中になった例である。

（3）リハーサル

　リハーサルでは，生徒が実際に自分たちでスキルを実践する。何度も繰り返し練習することで，スキルの使用に慣れ，実際の生活においても使いやすいものにしていく。

　ここで注意しておきたいのは，リハーサルは特に「楽しい」雰囲気の中で行われなければならないということである。リハーサルは繰り返しの練習ではあるが，「またやってみよう」という気持ちにならないと意味がない。さきにも述べたが，中学生の年代になってくると，生徒同士，特に異性との活動に照れや恥ずかしい気持ちがでてきて，なかなか積極的に取り組めないこともある。筆者の経験では，生徒がインストラクションの段階でしっかりと問題意識をもつことができ，リハーサルが「楽しい」と感じられるときには，生徒も活発にリハーサルに取り組むことができる。

（4）フィードバック

　フィードバックでは，生徒がリハーサルでやってみた行動についてほめたり，改善点を伝えたりする。適切な行動が周囲から認められ，ほめられることにより，生徒は次も同じようにやってみよう，と考える。こうして，適切な行動への動機づけが高まり，授業場面のみでなく，日常生活で適切にソーシャルスキルが使用できるようになっていく。ここで教師が気をつけたいのは，「それではだめだ」というような否定的な表現ではなく，「ここをこうするとよい」というように肯定的に伝えることである。

	○：教師の発言，◆：予想される生徒の発言	授業のねらい
導入	**（1）インストラクション（言語的教示）** ○仲間に入りたいと思っていても誘われず一人でいたことがありますか？　誘われずに一人だと，どういう気持ちだと思いますか？ ◆さみしい　◆だれか声をかけてくれないかなと思う ○一人でいる子を仲間に誘うための誘い方を一緒に考えていきます。 ○みなさんはいままで友達を誘うためには，どのようにしていましたか？　プリントにいくつか書き出してみてください。 ○それでは発表してもらおうと思います。 ◆こっちおいでよ　◆一緒にやろうよ ○仲間に誘うには，仲間に入れたいという気持ちを伝えなければいけませんね。言葉だけではなく，体の使い方も重要です。	・自分の経験と照らし合わせて，問題意識がもてるように工夫する。 ・ねらいを伝える。 ・これまでの自分の経験を振り返らせる。 ・クラスのほかの人の誘い方を知る。 ・補足する。 ・気づきを与える。
展開	**（2）モデリング** ○ではいまのせりふを使ってティームティーチングの先生に劇をしてもらいましょう。 ＜悪い例を見せる＞①遠くから呼びかける，②違うほうを見ながら誘う，③ぼそぼそしゃべって誘う，④不機嫌そうに誘う 　適切な誘い方のポイント：①相手に近づく，②相手をきちんと見る，③聞こえる声で言う，④笑顔で言う ＜モデリング①実施＞遠くから声をかけてもほんとうに自分のことを誘ってくれているのかな？と思ってしまいます。近づいてくれるだけで「自分のところに来てくれた」とうれしくなりますね。 ＜モデリング②実施＞自分の目を見てくれると「自分に話しかけてくれているんだ」と感じます。 ＜モデリング③実施＞せっかくの誘いも，聞こえなければ意味がありません。聞こえるように声をかけられることで，自分に向かって話しかけられていることを知るのです。 ＜モデリング④実施＞笑顔で誘われると，仲間に入るときの緊張も減ります。歓迎してもらっているのがわかるのです。 ○では，先生が「友達の誘い方」に注意して誘ってみます。 ＜よい例を見せる＞やってみたら，お互いに役割を交代する。 ○「友達の誘い方」を使ってゲームをしてみようと思います。 **（3）リハーサル** ＜生徒の名前が書かれた箸を4グループに分ける＞ ○一人ずつ順に中央まで走り，コップから学級の人の名前が書いてある割り箸を一膳引きます。同じチームの人の名前を引いたときは，お箸を戻して自分のチームに帰り，次の人と交代します。相手チームの人の名前を引いたら，その人に近寄ってさきほどの誘い方で声をかけます。声をかけられた人は「いいよ」と言って相手チームに一緒に走っていき，次の人と交代します。連れてこられた人は全員とハイタッチして後ろにつきます。 ○誘うときは「友達の誘い方」を守りましょう。時間内に多くの人を集められたチームが勝ちです。（箸がなくなるまで続ける）	・ロールプレイを見て誘い方の悪い例を学ぶ。 ・モデルの動きを見て，改善点に気づかせる。 ・改善点をまとめて，生徒へフィードバックする（インストラクションの要素が含まれる）。 ・モデリングはティームティーチングの教師が行うが，協力してくれる生徒がいれば，生徒にさせてもよい。 ・適切な誘い方のモデルを示す。 ・ゲーム感覚で行うことで，楽しく，何度も練習できる工夫をする。 ・リハーサル中，教師やTTは，よい点や改善点を伝えてまわる。 ★準備物：全員の名前入りの割り箸，コップ
まとめ	**（4）フィードバック** ○初めに誘われた人，最後に誘われた人にインタビューをします。誘われたとき，どんな気持ちがしましたか？ ◆うれしかった ◆とても不安だったけど，最後に誘われたときはうれしかった ○誘ってもらいたいと待っている間は，いつ来てくれるかドキドキしたり不安だったりしますね。誘う人もドキドキしながら誘うかもしれません。友達に誘われると，とてもうれしいものですね。 ○友達の誘い方を試して感じたことをカードに記入しましょう。	・誘われる順番によって誘われたときの気持ちが違うことに気づく。 ・教師からまとめをする。 ・よかった点や改善点をフィードバックする。 ・振り返る時間をとる。

第3節　授業が終わったら

　SSEの本来の目的は，標的スキルとして学んだスキルを，授業場面だけではなく日常生活の中で使えるようになることである。そのために，授業後にもいくつか工夫をする必要がある。

● 日常生活に生かすために

（1）宿題の設定（定着化）

　SSE後には，授業で学んだ標的スキルを日常生活に生かせるように定着させなければならない（定着化）。その一つの方法として，宿題を出すことが多い。ふだんの生活の中でソーシャルスキルを実践している様子を自分で観察する機会をつくるのである。生徒が自分で自分の行動をチェックする習慣をつけ，意識的に適切なソーシャルスキルを使用し，不適切なスキルを改善できるようにする。例えば，1週間のうち，いつ，どのような場面で，どのように自分が行動し，その行動に対して周囲がどのように反応したかをチェックさせ，その結果を提出するという宿題を出しておくのである。

（2）振り返りの機会をつくる

　SSEで学んだ内容を後日，振り返る機会を与えることもソーシャルスキルが日常生活に定着していくのに役に立つ。例えば，授業で学んだポイントや生徒が授業後に書いた感想などをいくつか取り上げ，プリントにまとめて，学級に配布してもよい。

（3）周囲からのフィードバックの継続

　SSE後に最も大切なのが，上手にソーシャルスキルを使用した行動をほめ，認めてくれる存在である。その存在は，生徒にとって身近で，人数は多いほどよい。できるなら，学校がフィードバックできる体制をつくっておくのが理想的だが，初めは，教師が生徒へフィードバックを意識的に継続して行うことが必要である。

第4節　ソーシャルスキル教育が効果的に行われるために

　小学生を対象としたソーシャルスキルに関する研究の多さに比べ，中学生を対象としたSSE研究は少ないのが現状である。それは，中学校現場がかなり忙しい状況であることや，中学生という年代がむずかしい時期であること，生徒がSSEで行われる体験的な授業になかなか積極的に参加できないのではないかという不安があるからである。

　そこで本節では，SSEが中学校現場において効果的に行われるためのいくつかのポイントを紹介したい。

1 中学生を対象としたときに，気をつけたいポイント4つ

(1) ポイント1：楽しく行う

　中学生がSSEで取り上げるような内容を学習するには「簡単すぎるのではないか」「恥ずかしがったり照れたりして，授業にのってこないのではないか」と感じる教師は少なくない。しかし，授業を楽しい雰囲気で行ったり，生徒が楽しめる内容を工夫したりすれば，中学生には簡単すぎると思われる内容でも，生徒は積極的に参加するようになる。

(2) ポイント2：「なぜソーシャルスキルが必要なのか」をしっかりと考えさせる

　筆者が教師役として，ある学級に対してSSEを行ったときの失敗談を紹介したい。同じ内容のSSEを行った4クラスのうち1クラスのみ，生徒に「なぜこれから学ぶスキルが必要なのか」を考えさせる課題を偶然，抜かしてしまった。その結果，同じ授業をしたほかの3クラスでは効果がみられたにもかかわらず，インストラクションを行わなかったこのクラスだけ，SSEの前後で効果がまったく現れなかったのである。

　中学生は，ただ楽しく体験するだけではスキルが身につかない。頭で理解し，体で体験していくことによって，ソーシャルスキルの重要さを知り，日常生活に生かしていけるようになるのである。

(3) ポイント3：ある程度スキルを使用できている生徒にも配慮を

　前述したように，標的スキルは，学級の生徒の約6〜7割程度の生徒がよく，あるいはときどき実施しているスキルが選ばれるべきである。すると，クラスの多くの生徒はある

程度すでに標的スキルを実行できていると考えられる。そうした場合，教師は，ある程度できている生徒よりも，あまり上手にスキルを実施できない生徒に目を向けがちになる。その結果，クラス全体としての授業の効果がみられなくなることがある。うまくスキルを使えない生徒にも支援は必要であるが，ある程度できている生徒に対しても，できるだけ多くフィードバックを与えることが重要となる。

(4) ポイント4：ソーシャルスキル教育の実施後も効果を定着させるには

　SSEの効果を授業後にも維持させるのに重要な点は，SSE後の宿題の充実や，周囲からの適切なフィードバックの継続である。ソーシャルスキルの使用が積極的に認められるクラスの雰囲気があることも重要である。せっかく適切にスキルを使用しても，周囲がよい反応をしなくなると，そのスキルの使用頻度はみるみるうちに減少してしまう。SSE実施後も日常的にスキルが定着し，頻繁に行われるようになるには，教師からはもとより，クラスの生徒，学年，そして学校の生徒，地域の人々から，よいスキル行動に対して適切なフィードバックがなされることが，重要となる。

❷ 今後より中学校現場に広がっていくために

　ここ数年，中学生の学級集団を対象とした研究が徐々に増えつつある。これは，中学校現場でのSSE効果が認められつつあることや，SSEに対する現場のニーズが高まっているためであろう。

　今後は，その対象範囲を学級単位にとどまらず，学校全体，地域全体にまで広げていく必要がある。なぜならソーシャルスキルは，多くの人間関係の中で試行錯誤しながら身につけていくものだからである。よいモデルとなる友達，教師，大人が近くに少ないことは，ソーシャルスキルを適切に身につける機会を失うことになる。また，適切なソーシャルスキルを使用しても，周囲の友達や教師，大人からよいフィードバックが返ってこないことは，せっかく身につけたソーシャルスキルが定着しなくなってしまう結果になる。SSEが今後ますます中学校現場に活用され，少しでも学校不適応の問題を抱えた生徒の助けとなるよう期待したい。

引用文献

・小林正幸・相川充（編）『ソーシャルスキル教育で子どもが変わる　小学校』図書文化，1999年。

標的スキル選定のためのソーシャルスキル自己評定尺度

標的スキル		ぜんぜんしない	あまりしない	ときどきする	よくする
ルール遵守	友達としているゲームのルールを守る	1	2	3	4
	友達のものを使うときは，許可をもらってからにする	1	2	3	4
	友達との約束を守る	1	2	3	4
聴くスキル	友達が話しやすいようにしながら，話を聴く	1	2	3	4
	話を聴くときに，その人を見る	1	2	3	4
基本的な声かけ	友達にいつもあいさつをする	1	2	3	4
	友達に会ったときには，自分から声をかける	1	2	3	4
	友達に「ありがとう」などと言って，感謝の気持ちを伝える	1	2	3	4
	初めて会った人には，自分から自己紹介する	1	2	3	4
配慮のスキル	友達の様子から，友達の気持ちを考える	1	2	3	4
	友達の気持ちを考えてから話す	1	2	3	4
	友達の頼みをできるだけきく	1	2	3	4
	困っている友達を助けてあげる	1	2	3	4
	友達が失敗したら，はげましてあげる	1	2	3	4
	友達が何かをうまくしたとき「上手だね」などとほめる	1	2	3	4
主張スキル	友達の意見に反対するときは，きちんとその理由を言う	1	2	3	4
	友達でも，無理なお願いは断る	1	2	3	4
	友達の話でわからないことがあったら，すぐに質問する	1	2	3	4
	友達にしてもらいたいことをお願いする	1	2	3	4
誘う・入る	仲間に入りたそうにしている人がいたら，誘う	1	2	3	4
	友達がゲームをしていたらゲームに加わる	1	2	3	4
	友達が一人でさみしそうなときは，声をかける	1	2	3	4
トラブル解決スキル	友達から悪く言われたときに，かっとしない	1	2	3	4
	友達にからかわれたり悪口を言われたときには，相手にしないで話題を変えたりする	1	2	3	4

本書で使用した尺度　1

中学生用社会的スキル尺度

＊この調査は，あなたが，学校でいつもどんなことをしているか答えてもらうものです。一番あてはまると思う数字に1つ〇をつけてください。
＊成績とは，何の関係もありません。あなたがいつもしていることを，正直に答えてください。
＊友達と相談したり，まねをしたりしないで，あなたの考えで答えてください。
＊先生の説明をよく聞いてから，答えてください。

		全然あてはまらない	あまりあてはまらない	少しあてはまる	よくあてはまる
1	困っている友だちを助けてあげる。	1	2	3	4
2	友だちの話をおもしろそうに聞く。	1	2	3	4
3	自分に親切にしてくれる友だちには親切にしてあげる。	1	2	3	4
4	友だちに話しかけられない。	1	2	3	4
5	友だちをおどかしたり，友だちにいばったりする。	1	2	3	4
6	友だちが失敗したら，はげましてあげる。	1	2	3	4
7	友だちのたのみを聞く。	1	2	3	4
8	自分から友だちの仲間に入れない。	1	2	3	4
9	何でも友だちのせいにする。	1	2	3	4
10	友だちのけんかをうまくやめさせる。	1	2	3	4
11	友だちの遊びをじっと見ている。	1	2	3	4
12	でしゃばりである。	1	2	3	4
13	友だちがよくしてくれた時は，お礼を言う。	1	2	3	4
14	休み時間に友だちとおしゃべりしない。	1	2	3	4
15	まちがいをしても，すなおにあやまらない。	1	2	3	4
16	引き受けたことは，最後までやり通す。	1	2	3	4
17	遊んでいる友だちのなかに入れない。	1	2	3	4
18	友だちの意見に反対する時は，きちんとその理由を言う。	1	2	3	4
19	なやみごとを友だちに相談できない。	1	2	3	4
20	友だちに，らんぼうな話し方をする。	1	2	3	4
21	相手の気持ちを考えて話す。	1	2	3	4
22	友だちとはなれて，一人で遊ぶ。	1	2	3	4
23	友だちのじゃまをする。	1	2	3	4
24	友だちに気軽に話しかける。＊	1	2	3	4
25	自分のしてほしいことを，むりやり友だちにさせる。	1	2	3	4

嶋田洋徳『小中学生の心理的ストレスと学校不適応に関する研究』風間書房，1998年，139頁より転載
※教示文は，本書掲載にあたって作成した。
※集計方法：得点が高いほどソーシャルスキルが身についているといえる。得点を算出するには，40点から「引っ込み思案行動」得点を引いた値と，35点から「攻撃行動」得点を引いた値を，「向社会的スキル」得点に加算する。
※次の項目の得点を加算すれば，各下位尺度得点を算出できる。①向社会的スキル（1，2，3，6，7，10，13，16，18，21），②引っ込み思案行動（4，8，11，14，17，19，22，24）＊は逆転項目である。数値を逆にしてから他の項目に加算する。③攻撃行動（5，9，12，15，20，23，25）。

Part 2

中学生のための
基本ソーシャルスキル

第4章
ソーシャルスキル教育の14の基本スキル

相川　充

● 基本スキルとは何か

　中学生に必要なソーシャルスキルの種類は，相手（例えば，友達なのか教師なのか），状況（緊急性があるのか熟慮できるのか），場所（学校なのか学校外なのか）などによって，さまざまなものが考えられる。しかし，①どのような相手や状況や場所であろうと使われる可能性が高い（汎用性が高い）スキル，②組み合わせることによって高度で複雑な対人行動を可能にするスキル，という条件を満たしたものは限られてくる。この条件を満たすスキルを，ここでは基本スキルと呼ぶことにする。

　どのようなスキルが基本スキルかは，研究者の立場によって異なるだろうが，本書では，教室をベースに集団で教えるという条件も考慮に入れた。従来行われてきた集団SSTやソーシャルスキル教育（以下，SSE）のプログラムを参考に，現職教員に聞き取り調査を行い，また，小・中学校の教師にSSEで取り上げたいスキルを選ばせた中台・金山・斉藤・新見（2003）の研究結果を参考にして，以下に述べる14のスキルを基本スキルとした。

　これらの基本スキルは，数学の公式のようなものであり，組み合わせたり応用したりすることによって，複数の友達との葛藤場面なども解決することができるようになる。基本スキルは，少なくとも一度は授業で取り上げたいスキルであり，一度取り上げたら何度でも，"宿題"として日常場面で使ってみることを課すべきスキルである。また，授業で別の高度なスキルを取り上げるときに，導入部分で繰り返し言及することもできる。

　本書では，14の基本スキルを人間関係の開始，維持，主張性，問題解決の4つに分類した。

1 関係開始スキル

（1）さわやかにあいさつをする

　小学生ならともかく，中学生にはあいさつの仕方を教える必要はないと言われることもあるが，あいさつは人間関係を開始し，良好な関係を維持するための基本中の基本スキルである。あいさつをすると，相手が影響を受け，それがこちらの感情や行動にはね返ってくる。教師はこの点を意識して，あいさつが生徒自身の感情や行動に変化をもたらすことが理解できるようなプログラムを組む必要がある。

①あいさつが人間関係において果たしている役割や重要性を改めて認識させる。

②あいさつの実行を妨げているものは何か，話し合わせる。感情面（恥ずかしさ等），認知面（あいさつすべき相手かどうか迷う等），行動面（声が小さい等）に分けるとよい。

③あいさつの仕方についてモデリング，リハーサルを実施する。特に視線，声や表情など非言語的側面の重要性に言及する。

④生徒同士だけでなく，教師や地域社会の人たちへのあいさつを宿題として課す。その成果を話し合わせる。あいさつをしたとき，あいさつを返されたときに，どんな気持ちになるか気づかせる。

（2）自己紹介をする

　自己紹介のやりとりは，良好な関係をつくる基礎となる。また，自己紹介をしようとすると，おのずと自分の性格，能力，嗜好について考えることになり，自己理解が深まるきっかけになる。楽しく自己紹介をし合うプログラムを考えよう。

①自己紹介の必要性を認識させる（初対面の人に効率よく自分を知ってもらう，自分を見つめるチャンスなど）。

②紹介すべき内容は，"相手が知らない私のこと"であるが，肯定的な側面（性格のよいところ，得意なこと，好きなこと）を紹介するよう指導する（自分を肯定的に把握することは，自尊心の形成にとって重要）。自己紹介する内容を，あらかじめ「私の得意なこと」などの見出しがあるワークシートに記入させるとよい。

③非言語的側面（声の大きさ，話す速さ，視線や姿勢など）について，モデリングやリハーサルで具体的に指導する。

④自己紹介を聞いてわかった相手のことをメモさせて，お互いに話し合わせる。その際，相手は，自分と違う個性を持った存在であり，個性には優劣はないことを強調する。

(3) 仲間に誘う

　自分がすでに仲間の一員である状況で，友達を仲間に誘うスキルは，友人関係の形成や拡張にとって重要なスキルである。このスキルを獲得できれば，上手に誘えるようになるだけでなく，友人関係での主導権を握れる可能性が増し，自己効力感を高められる。

①仲間に入れずにいる人の気持ちと，誘いの言葉をかけてあげたときの相手の気持ちを考えさせる。

②誘うための具体的な言葉を考えさせる。ワークシートを用意して文字化させてもよい。

③仲間に誘うことが実践できるよう，モデリング，リハーサルを実施する。非言語的側面，特に「相手に近づく」「相手の目を見る」「相手に聞こえる声で言う」「笑顔で言う」などの基本を押さえる。

④誘われた相手だけでなく，誘った自分に，どのような感情の変化が起こるか確認させる。

⑤教室外で実際に誘うことを宿題にする。うまく誘えない場合，その原因について話し合わせる。ワークシート「誘ってみて気づいたこと」などを用意すると議論が活発になる。次の「仲間に加わる」スキルと連動させたプログラムを考えてもよい。

(4) 仲間に加わる

　すでにある仲間集団に加えてくれるよう頼むときには，拒否されるかもしれないという不安や恐れが伴う。このため，仲間に入ろうとせずに引きこもってしまう生徒がいても不思議ではない。仲間に加わるスキルは，新たな友人関係を形成し，学校生活を楽しくするための重要なスキルである。

①仲間への加わり方を学ぶメリットを伝える。特に引っ込み思案傾向の強い生徒には，適切なやり方を学べば容易に加われることを強調する。

②仲間に入れてもらうには，言葉をかける必要があること，その言葉は状況に応じて変える必要があることに気づかせる。具体的な言葉を，ワークシートを使って文字化させる。

③非言語的側面（相手に近づく，相手を見る，明るく軽い声の調子，表情など）に注目させながらモデリングする。リハーサルではグループ内で1対多に分かれ，1人ずつやらせる。タイミング（会話の切れ目，遊びの流れの切れ目など）が重要なことを強調する。

④断られたときの対応の仕方も考えさせておく。

⑤定着化のために，教室外で実際にスキルを使ってみることを宿題にする。うまくいかなかった場合，その原因についても話し合わせる。

❷ 関係維持スキル

（5）しっかり話を聴く

　人の話をしっかり聴くことは，必ずしも容易な作業ではない。一定のスキルが要求される。しっかり話を聴くスキルは，人間関係の形成にとって最も重要なスキルである。

①人の話をしっかり聴くことの意義を考えさせる。聴くことが相手に心理的報酬（相手を受容する，満足感を与えるなど）を与える行為であることを強調する。

②非言語的側面（相手の目を見る，うなずくなど）の重要性を，悪い例を出しながら気づかせる。「聴いている」というメッセージを伝えることが大切である旨を強調する。

③言語的側面を教える。あいづち（「うん，うん」「なるほど」「ほんとう！」など），相手の言葉の一部を繰り返す単純な反射，「要するに…ということなんだね」などと相手の話を要約する技法などについて教える。

④話を促すためには，5W1H（いつ，どこで，だれが，何を，なぜ，どのように）を念頭に質問するとよいことを教える。

⑤リハーサルさせる。「聴き方のチェックカード」などのワークシートを用意する。

⑥教室外で実践させ，その成果や改善点について報告させる。

（6）上手に質問をする

　質問は会話の重要な要素であり，情報を得るための基本的なスキルである。情報を得ることができれば，いたずらに不安や恐怖を抱かなくてもすむ。また，上手に質問ができれば，相手の話を真剣に聴いていることが伝わる。

①質問することの意義と重要性について認識させる。

②何を尋ねたいのか自問してから質問することを教える。尋ねたいことが複数あったら，それらに順番をつけるとよいことも教える。

③言語的側面について教示する。質問に入る前の言葉（「ちょっと聞きたいんですけど」など），質問を終える言葉（「わかりました」など）があること，また，質問の形式には「開いた質問」と「閉じた質問」があり，別の働きをすることなどを教える。

④質問するときの非言語的側面にも配慮させる（視線，声の大きさ，語尾の明瞭さなど）。

⑤具体的な手本を示し，実際に何回も練習させる。相手が知らない人の場合，知っている人の場合，あるいは単に情報を得る場合，確認する場合など複数の状況を設定して行う。

⑥宿題を課す。質問した日時，場所，相手，質問内容とその回答などを報告させる。

（7）気持ちに共感する

相手の気持ちに共感することは，親密な人間関係をつくるうえで欠くことのできないスキルである。このスキルの要点は，自分が共感していることを相手に示すことである。

①共感とは何かについてはっきり認識させる。いろいろな人のさまざまな表情が写っている写真やビデオを示し，それらを観るとどのように感じるか尋ねる。また，共感が人間関係においてどのような働きをしているか考えさせる。

②相手の感情を読み取る非言語的手がかりについて教える。目の大きさ，眉や口の形，姿勢，身ぶりなどを写真やビデオを用いて1つ1つ確認させる。

③相手の感情を読み取る言語的手がかりについて教える。喜怒哀楽を表す言葉や感情を表現する表現（むっつり，足が重いなど）について気づかせる。

④共感を示す言語的表現を教える。「私も」＋「感情語」（僕も嫌な気分だよ）など。

⑤共感を示す非言語的側面を教える。原則は相手と同じように振る舞うことである。

⑥モデリングやリハーサルを行う。写真やビデオの表情をまねる，場面設定（ペットが死んで悲しんでいるなど）をしてロールプレイを行うなど。

⑦実際に共感できたかどうかチェックする宿題を課す。成果や改善点を話し合わせる。

（8）あたたかい言葉をかける

ほめる，励ます，心配する。これらにかかわる言葉は，相手の気持ちを良好にして，相手との関係を深めることができる。

①相手の気持ちをよくするあたたかい言葉と，反対のつめたい言葉の区別をさせる。それぞれの言葉が自分と相手双方にどんな影響を及ぼすか，体験をもとに考えさせる。

②あたたかい言葉をかけるには相手をよく知る（観察する，長所を思い出すなど）必要があることを教える。

③あたたかい言葉の基本形を教える。例えば，ほめる＝相手のことへの言及＋感情語（そんなにできて＋すごい），励ます＝肯定的結果の予測（きっとうまくいくよ）を教える。

④あたたかい言葉をかけるときの非言語的側面（相手に近づく，目を見る，はっきりした声で言うなど）の重要性にも気づかせる。

⑤モデリングやリハーサルで具体的に練習させる。

⑥教室外で実際にあたたかい言葉かけを実践させ，その成果を報告し合う。いつ，どこで，だれに実行し，結果はどうだったかをチェックするワークシートを用意しておくとよい。

❸ 主張性スキル

(9) はっきり伝える

　ここでは，自分の素直な気持ちや考えを相手に伝えるスキルの獲得をめざす。

①自分の気持ちや考えを抑え込まず相手に伝えることが，なぜ大切なのか考えさせる。抑え込んでしまった場合を想定させると意見が出やすい。誇りや自尊心と関連づけさせる。

②a非主張的（言いたいことを我慢する）b攻撃的（一方的に言う）c主張的（言いたいことを言うが相手の気持ちにも配慮する）3種類の対人反応を，ロールプレイなどで具体的に紹介する。特にb攻撃的とc主張的を区別させ，主張的反応をめざすことを強調する。

③不安や緊張に打ち克つ一つの方法として自己会話（自分で自分に語りかけること）を教える。「鎮静の自己会話（例：落ち着いて）」と「コーチの自己会話（例：ゆっくり話そう）」がある。自分を落ち着かせる言葉や指示を与える言葉を生徒自身に決めさせる。

④主張性を発揮すべき状況を提示して，そこでの主張的反応について考えさせる。主張的言語反応の基本形「私は……と思う／と考える」を教える。モデリングやリハーサルで非言語的側面（声の大きさ，距離，視線，表情など）の重要性にも気づかせる。

⑤宿題で主張的反応を実際に実行させ，その成果や改善点について話し合わせる。

(10) きっぱり断る

　相手の要求に応じることばかりしていては自分を見失ってしまう。相手との関係を壊さず，受け入れられない要求はきっぱり断ることは生きていくうえで必須のスキルである。

①相手からの要求を断らなければならない状況について考えさせ，場合によっては，きっぱり断ることが重要であることを認識させる。

②3種類の断り方，a非主張的（断りたいのに我慢する）b攻撃的（腹を立てながら断る）c主張的（きっぱり断るが相手の気持ちにも配慮する）反応を，ロールプレイなどを用いて具体的に紹介する。攻撃的断り方は相手との関係を壊してしまうこと，めざすのは主張的断り方であることを強調する。

③断るときの言語表現の基本形，「謝罪＋断りの表明＋その理由＋代替案の提示」（例：ごめんね，いまは時間がないから手伝えない。明日ならいいよ）を教える。ワークシートでさまざまな状況を提示し，紙上で練習させてもよい。自己会話についても教える。

④非言語的側面（声の大きさ，距離，視線，表情など）の重要性に気づかせる。

⑤宿題で，実際に断るスキルを実行させ，その成果や改善点について話し合わせる。

(11) やさしく頼む

　言い方次第で，要求や依頼が受け入れられたり受け入れられなかったりする。適切な頼み方をすれば，要求が受け入れられるだけでなく，相手との関係を深めることもできる。

①人に助けてほしいと頼むことの意義について考えさせる。

②頼みたい内容を具体化することの重要性を伝える。単に「助けて」と言うのではなく，数や期間や程度を具体的に言うことが大切である。

③頼むときの言語表現の基本形，「理由＋要求内容＋要求が満たされたときの結果」（例：重くて1人じゃ運べないから，教室まで運ぶのを手伝って。手伝ってもらえると助かる）を教える。ワークシートでさまざまな状況を提示して，紙上で練習させるとよい。

④非言語的側面（声の大きさ，距離，視線，表情など）の重要性に気づかせる。

⑤ロールプレイを使ったモデリングやリハーサルで練習させる。自己会話の使い方についても教える。

⑥断られたときの対応の仕方について考えさせておく。

⑦宿題で，実際に頼むスキルを実行させ，その成果や改善点について話し合わせる。

❹ 問題解決スキル

(12) きちんと謝る

　人を傷つける言動をしてしまう，迷惑をかけるなどの過ちを犯してしまうことがある。肝心なことは過ちを犯さないことではなく，その後の対応である。相手にきちんと謝ることは対人的な問題解決の第一歩となる。

①人を傷つけたり，人に迷惑をかけたり，対人関係での過ちの体験を思い起こさせて，そこで謝罪した場合としない場合，相手との関係がどのように変わるかを考えさせる。

②謝罪の言語表現の基本形「謝罪の言葉＋自分の非を認める表現＋原因への言及＋改悛の約束（例：ごめん，僕が悪かった。約束の時間を忘れちゃって。今後は遅刻しないようにする）」を教える。ワークシートでさまざまな状況を提示し紙上で練習させるとよい。

③非言語的側面（表情，声の大きさ，視線，距離など）の重要性に気づかせる。特に声や表情によって，同じ言語表現でも違って受け取られることに気づかせる。

④ロールプレイを使ったモデリングやリハーサルで実際に練習させる。

⑤宿題で謝るスキルを実行させ，その成果や改善点について話し合わせる。いつ，どこで，だれに実行し，結果はどうだったかをチェックするワークシートを用意しておくとよい。

(13) 怒りをコントロールする

　怒りの感情や衝動のままに行動すれば，相手を傷つけ人間関係を壊してしまう。怒りを感じないようにすることはできないが，コントロールすることはできる。

①怒りについての認識を深める。どのようなときに生じるか，体にはどんな変化が起こるか，何を考えているか，相手と自分にどんな影響を与えたかなど体験を振り返らせる。

②怒りの"表現法"が人間関係にとって重要であることに気づかせる。怒りは，相手のことや原因について偏った見方（認知）から生じることにも気づかせる。

③怒りのコントロール法を教える。方法は，深呼吸する，数をかぞえる，自己会話する（「落ち着け，落ち着け」），快イメージを浮かべる（緑の草原で風に吹かれている自分）等。怒りに伴う身体変化（血が頭に上るなど）をきっかけに実行することを強調する。

④相手や原因について別の見方をする方法を教える。

⑤リハーサルを実施する。それぞれの方法を具体的な場面を設定しながら練習する。

⑥教室外で，怒りのコントロールが実行できたかどうか，一定期間をおいて報告させる。コントロールできなかった場合を出し合って，どうしたらよいか話し合わせる。

(14) トラブル解決策を考える

　他者とのトラブルは避けられない。重要なことは，トラブルを避けることではなく解決策を考えつくことである。考えつくためには，一定の手順を踏む必要がある。

①対人関係のトラブルが避けがたいものであること，最初に思いつく解決策は，必ずしもよいものではないことに気づかせる。解決策は3種類あり（非主張的，攻撃的，主張的），めざすのは主張的解決策であることを強調する。

②問題解決の6ステップ，「問題の明確化」（問題は何か？），「解決策の産出」（どうしたらよいのか，どうしたいのか），「解決策の決定」（もしやったらどうなる？　どれがよいやり方か），「選んだ解決策の実行計画」（どうすればよいか），「解決策の実行」，「成果の検証」について1つずつ説明する。「解決策の実行」では，これまで学んできた基本スキル（1）～（13）すべてが使えることに気づかせる。

③ワークシートで，相手や状況を変えて，さまざまな対人トラブルを提示して，紙上で練習させるとよい。解決策をできるだけ数多く考え出すことに力点をおく。

④宿題として，自分のトラブル解決法を実行できたかどうか，一定期間をおいて報告させる。実行できなかった場合，問題が解決しなかった場合，改善策を話し合わせる。

(1) 関係開始スキル

①さわやかにあいさつをする

友達と年長者へのあいさつ

金山元春

校長先生，おはようございます

獲得目標スキル

①相手に近づいて，②相手を見て，③相手の名前を呼んで，④大きな声で，⑤笑顔で

● 本スキルのねらい

あいさつは人間関係を開始し，維持していくための基本中の基本であることを理解させ，あいさつの基本スキルを学ばせる。また，生徒同士とは異なるあいさつが求められる関係性があることに気づかせる。ここでは，特に年長者へのあいさつに焦点を当てる。

● 準備

・一枚絵（友達に会ったところ・校長先生に会ったところの2場面分）
・「今日の発見・今日の挑戦」シート（西村，2000をもとに作成）

● 場所

・教室

● ワークシート：「今日の発見・今日の挑戦」

◇**今日の発見**　あなたの周りで上手にあいさつをしている人を見つけてみましょう。そして，下の表に，その様子を記録しましょう。

	いつ	だれが	だれに	特に上手だったところ	そのときの相手の様子
例	○月○日 朝	妹が	母に	顔を見ながら，笑顔で「おはよう」とあいさつをしていた	母も笑顔であいさつを返していた

◇**今日の挑戦**　自分が上手にあいさつできたときの様子を下の表に，記録しましょう。

	いつ	どこで	だれに	特に気をつけたこと	そのときの相手の様子・自分の気持ち
例	○月○日 朝	学校の廊下で	校長先生に	「校長先生，おはようございます」とていねいな言い方をした	校長先生も笑顔で「おはようございます」と返してくれた。すがすがしい気分だった

	学習活動と生徒の様子	留意点
導入	（1）あいさつの意義について考える。 「初めて会う人にまずすることは何でしょうか。また，知っている人でも会ったときにまずすることは何でしょうか」と問いかけ，考えさせたうえで，教師自身が今朝起きてからいままで交わしたあいさつについて，相手の反応や自分の気持ちを含めて語る。	・あいさつは人間関係を開始し，維持していくための基本中の基本であることを伝える。
展開	（2）実際にあいさつの練習を行う。 ①「学校に着くと，友達に会いました」を掲示し，立候補を募って，生徒2人にその場面を演じてもらう。 「○○さんのあいさつはすばらしいところがありました」 ②フィードバックを与えながら以下のポイントを伝える。 ・相手に近づいて　・相手を見て　・相手の名前を呼んで ・大きな声で（相手に聞こえる声で）　・笑顔で 「それでは，こんな場面ではどうでしょう？」 ③「学校に着くと，校長先生に会いました」を掲示する。 「今度は，私がしてみます。よく見ていてください」 ④モデルを示す。 「さっきのあいさつとどこか違いがありませんでしたか」 ⑤生徒に問いかけながら以下のポイントを伝える。 ・言い方をていねいに ・おじぎをする 「では，実際にあいさつの練習をしましょう。練習する場面はさっきの場面です。"学校に着くと，校長先生に会いました"。そして，しばらく歩くと今度は"友達に会いました"。まず，校長先生役の私にあいさつをします。続いて，その先にいる友達にあいさつをします」 ※グループの人数が仮に3人であるとしての練習の流れ ・Aが校長先生役の教師にあいさつ→次にCにあいさつ ・Bが校長先生役の教師にあいさつ→次にAにあいさつ ・Cが校長先生役の教師にあいさつ→次にBにあいさつ	・立候補がなければ，生徒の特性に配慮しながら教師が指名してもよい。 ・見ていた生徒にも「どこが上手だった？」などとフィードバックを求める。 ・年長者にあいさつするときに加わるポイントに気づく。 ・教師からフィードバックを送る。 ・あいさつをされたほうの印象，気持ちを聞く。 ・見ている生徒にあいさつのポイントに注意しながらほかの生徒の様子を見るよう伝え，適時，フィードバックを求める。
まとめ	（3）活動を振り返り，スキルの定着をはかる。 「上手にあいさつをしている人を見つけて記録しましょう。また，自分が上手にあいさつできたときの様子を記録しましょう」	・「今日の発見・今日の挑戦」シートを提供する。

（1）関係開始スキル

②自己紹介をする

はじめまして，ソーシャルスキルです

金山元春

こんにちは

はじめまして Aといいます

獲得目標スキル

①相手を見て，②大きな声で，③笑顔で

● 本スキルのねらい

自己紹介は良好な人間関係づくりの基礎となる。ここでは，ソーシャルスキル教育が何を目的とし，どのように展開されるのか，生徒に伝えるオリエンテーションを通して自己紹介をする際のポイントを身につける。それによりソーシャルスキル教育に対する不安を低減させ，動機づけを高める。

● 準備

・「大切な4つのこと」を説明した紙

● 場所

・教室
・オリエンテーションとして学年や全校単位で行う場合は，体育館等の広い場所

● ワークシート

ソーシャルスキルで大切な4つのこと

○積極的に練習しよう

スポーツでも初めはぎこちないですが，練習すれば，だんだんと体が勝手に動くようになります。
ですから，人と上手につきあうためのコツも積極的にどんどん練習することが大切です。

○ほかの人のやり方を見てみよう

うまい人のやり方を見てまねしてみたり，人がするのを見て自分のやり方を振り返ったりと，人のやり方を見ることはとても役に立ちます。
この授業では，実際にあいさつをしたり，話の聞き方の練習をしたりしますので，ほかの人のやり方をよく見ていてください。

○友達が上手にできていたらほめよう

人からほめてもらうと，どんなことでもどんどんうまくなります。また，人からのアドバイスがとても役に立つこともあります。
この授業では，あいさつや話の聞き方を実際に練習していきますので，上手にできている人がいればほめてあげてください。また，こうすればもっとよくなるんじゃないかなということがあればアドバイスをしてあげてください（ひやかしたり，バカにしたりしないように）。

○自分で工夫してみよう

料理の作り方にもいろいろあるように，人とのつきあい方にもいろいろなやり方があります。
この授業で習うやり方以外の，自分なりの工夫で，上手なやり方があったらどんどん試してみてください。

	学習活動と生徒の様子	留意点
導入	（1）心地よい人間関係を築くには何が必要か考える。 「心地よい人間関係を築くためにはどうしたらよいでしょうか……。まず相手を思いやる気持ちが大切だといえるでしょうね。このような気持ちは確かにとても大切です」	・「心地よい人間関係を築くには？」と問題意識をもたせる。
展開	（2）自己紹介のスキルを身につける。 ①自己紹介をする際のポイントについて考えさせる。 「気持ちというものは思っているだけで相手に伝わるものでしょうか」「例えば，だれかが自己紹介をするとします。みんなと仲よくやっていきたいという気持ちからです。ただ，同じ気持ちでも，次のやり方はどうでしょうか」 ・伏し目がちで，小さな声で自己紹介をする。 「このやり方ではみんなと仲よくしたいという気持ちがうまく伝わりませんね。では，どうすればよかったのでしょうか。実は，自己紹介のやり方にもコツがあるのです」 ②自己紹介の下位スキルをポイントとして示す。 「このポイントに気をつけてやってみます」 ・「相手を見て」・「大きな声で（聞こえる声で）」・「笑顔で」 ③ポイントに気をつけて自己紹介をする。 「このような工夫をすれば心地よい人間関係が広がります。このコツのことをソーシャルスキルと呼んでいますが，これはだれでも練習すれば身につけられます。心地よい人間関係を広げるためのコツ，人と上手につきあうためのコツを学びましょう」	・形に表現して伝えることの大切さに気づくように。 ・ポイントを示す。 ・「ソーシャルスキル」という呼称を紹介する。
まとめ	（3）本時を振り返り，スキルのポイントを整理する。 ①ソーシャルスキルのポイントを振り返る。 「ソーシャルスキルを学ぶときに，大切なことがあります」 ・大切な4つのこと（シート）を読む。 ②本時で学んだポイントを，実際に行って振り返る。 ・代表生徒に自己紹介してもらいフィードバックを与える。 「"友達が上手にできていたらほめよう"です。Aさんに拍手をしましょう」「ソーシャルスキルの学習では，みんなに練習してもらいます。"積極的に練習しよう"ですね」「いまのように，笑顔でできたかな，声の大きさはどうだろうなど，"ほかの人のやり方を見て"ください」「練習するときは"自分で工夫して"みてください。例えば，今日自己紹介のポイントを3つ紹介しました。今後のソーシャルスキルの学習では，習った方法以外にうまいやり方を思いついたらチャレンジしてみてください」	・シートを配布する。 ・立候補がなければ，生徒の特性に配慮しながら教師が指名してもよい。 ・ポイントにそってフィードバックを与える。見ていた生徒に尋ねてもよい。その際，フィードバックを与えた生徒のことも評価する。

(1) 関係開始スキル

③仲間に誘う
仲間の誘い方

江村理奈

Aさん，私たちバレーをやってるんだけど，一緒にやらない？

獲得目標スキル
①相手に近づく，②相手の目を見る，③相手に聞こえる声で話す，④笑顔で話す，⑤相手の名前を呼ぶ，⑥活動内容を伝えて誘いの言葉をかける

● 本スキルのねらい

友達に自ら声をかけ仲間に誘うことができると，自己効力感を高め，友人関係において主体的に行動できるようになる。さらに友達を誘ったり，誘われたりするときのうれしさを体験し，日常生活での友人関係の形成や拡張を促す。

● 準備

・スキルミニチェック（授業の事前と事後に行う。P.80参照）
・掲示用の約束事カード，「仲間の誘い方」ポイントカード（展開例参照）
・ワークシート
・役割プレート，紙風船など
・振り返りシート（P.81参照）
・宿題シート（P.82参照）

● 場所

・教室や多目的教室

● ワークシート：「仲間の誘い方」

年　組　名前

仲間をうまく誘うために，ポイントを使ってみよう！

☆相手が何をしているか確かめて，声をかける
☆もし，断られても，次の機会にまた誘ってみよう

　　ポイントを押さえて
　　どんどん仲間を誘ってみよう！

◎声をかけるときのポイント

①
②
③
④
⑤
⑥

	学習活動と生徒の様子	留意点
導入	（1）約束事を確認する。 　①積極的に練習しよう　②自分や友達ががんばっていたらほめよう　③文句や悪口を言わないようにしよう （2）仲間を誘うことについて考える。 ①生徒に遊んでいる場面を尋ねる。 「昼休み何してる？」 ・運動場でサッカーしてる　・教室で話してる 「運動場で遊んでるときに遅れてきた人がいたらどうする？」 ②誘われなかった人の気持ちと自分の体験を考える。 （3）本時の目標をつかむ。 ・「仲間の誘い方」と本書の目標を板書する。	・左の約束事カードを提示し，約束は楽しく学習するには必要なことを説明する。 ・時間があればウォーミングアップ活動（ゲーム等）を行うと楽しい雰囲気になる。
展開	（4）場面を設定してロールプレイを行う。 ・体育館でバレーをしているときに遅れてきた人がいた場面。 ①最初に一つの例（遠くから，小さい声で，相手を見ずに声をかける）を示す。 ②ロールプレイを見た感想と，①のように誘われたらどんな気持ちがするか生徒に尋ねる。 ③上手に誘うには，どうしたらいいかを尋ねる。 ④生徒から出てきたポイントを含めて上手な例を示す。 ・相手が何をしているのか確かめてから「○○さん／くん，私(僕)たち，バレーやってるんだけど，一緒にやらない？」 （5）ポイントを整理してワークシートに記入する。 　①相手の近くで　②相手を見て　③聞こえる声で 　④笑顔で　⑤相手の名前を呼んで 　⑥活動内容を伝えて誘いの言葉をかける （6）グループに分かれて仲間の誘い方の練習をする。 ①体育館でバレー　②教室でのおしゃべり　③下校場面 など，場面をいくつか設定して練習する。 ・余裕があれば，断られる場面の練習もする。 （7）グループごとに発表する。 ・全体の前でのロールプレイがむずかしければ，グループの中で発表する。互いによかった点や感想を言ってもらう。	・日常生活でよく見られる場面を例にあげる。 ・よい点に重点をおき，誘ったほうの気持ちも合わせて確認する。 ・「仲間の誘い方」ポイントカードを掲示する。 ・紙風船など小道具や役割プレートなどを用意するとロールプレイがやりやすい。 ・教師はグループを回ってよかった点をフィードバックする。
まとめ	（8）本時の活動を振り返る。 （9）振り返りシートに感想を記入する。 （10）宿題シートに取り組み，日常生活でも実践する。	・本時のポイントを再度振り返る。 ・日常生活での実践につながるような働きかけを行う。

(1) 関係開始スキル

④仲間に加わる
上手に仲間に入りたい

南川華奈

「入れて」

獲得目標スキル

①声をかけるタイミングを計る，②相手を見る，③笑顔で話す

本スキルのねらい

仲間に加わるスキルは，中学生にとって新たな友人関係を形成するための重要なスキルである。引っ込み思案傾向が強く，仲間に加わることができないと，学校生活そのものを楽しく感じることができなくなる。

上手に仲間に加わるには，タイミングをうまくつかみ，相手に近づき，声をかける必要がある。この場合，特に声の調子や表情なども重要になる。

準備
・ワークシート

場所
・教室や多目的教室

ワークシート

年　組　名前

1. なぜ上手に質問をすることが大切なのか

2. 気をつける点

3. ポイント評価　<◎，○，△>

①タイミングは適切か	
②近くに行き，相手を見る	
③聞こえる声で伝えたか	
④表情は適切か（笑顔）	

4. 仲間に加わる前の気持ち

5. 仲間に加わった後の気持ち

6. 感想

	学習活動と生徒の様子	留意点
導入	（1）仲間に加わるメリットに気づく。 「いままで，仲間に入りたいと思っていてもどのように声をかければよいのかわからなかった，断られるかもしれないと不安に思って入れなかったというような経験はないですか」「仲間に加わることができると，どのような気持ちになるでしょう」 （2）いままでの経験から仲間に加わる方法を確認する。 「仲間に加わるにはどのような点に気をつけて，どのように行動すればよいでしょう」 ・ワークシートに記入，発表させる。	・仲間に加わることを特に負担に思わずできる生徒もいる。その生徒たちも問題意識がもてるように工夫する。
展開	（3）モデリングを見る。 ・生徒数人に自分で書いた方法で仲間に加わる場面を演じてもらう。各自の演技に対して，よい点や改善点について話し合い修正を加えていく。 （4）仲間に加わるポイントの確認を行う。 ①声をかけるタイミングを計る ②近くに行き，相手を見る ③聞こえる声で仲間に加わる言葉（「入れて」等）をかける ④笑顔で言う （5）リハーサルをする。 ・5，6人のグループに分かれて，仲間に加わる練習をする。1人ずつ順番に，話をしている残りの仲間に加わる。 （6）断られたときの対応を話し合い，再度リハーサルをする。 「やってみてどう感じましたか。声をかける前は断られる不安があって緊張したと思います。断られたときにどう対応をするのかをあらかじめ考えてみましょう」 ・対応について話し合い，断られる場面をリハーサルする。	・あらかじめ，演じてもらう生徒には声をかけておくとよい。 ・基本の4つ以外に生徒から出たら，適宜加える。あまり多すぎると煩雑になるため，ある程度絞る。 ・リハーサル中，教師は適宜フィードバックを与える。ワークシートのポイント評価などを利用する。 ・断られるリハーサルは何度も行わない。
まとめ	（7）ポイントを再度確認し，感想を話し合う。 ①ワークシートにリハーサル時の気持ちを書く。何人かに発表してもらい，教師がまとめる。 ②教師がポイントを再度確認する。 ③ワークシートに感想を書き，何人かに発表してもらう。 （8）授業以外の場面でもスキルを使えるようにする。 ・宿題として行動をチェックできるワークシートを配り，1週間，仲間に加わる場面の生徒の行動をチェックさせる。	・再度，自分の経験を振り返らせ，改善点はなかったかを確認してもよい。 ・生徒がチェックしやすいよう，ワークシートを用意する。

(2) 関係維持スキル

⑤ しっかり話を聴く
上手な聴き方

宝田幸嗣

うんうん
それで，どうなったの？

獲得目標スキル
①相手に体を向ける，②相手を見る，③相づちをうつ，④最後まで聴く，⑤質問する，⑥繰り返す

● 本スキルのねらい

本時で，人の話に注意深く耳を傾ける大切さに気づき，受容的に話を聴いてもらう気持ちよさを体験することをねらう。

まず，相手の話を聴く意義を考えさせる。話を聴くことが情報を得るだけでなく「心地よい・満足する」など心理的報酬を得られると気づかせたい。次にロールプレイで「上手な聴き方」をモデリングし，標的スキルを確認してから，ペアで練習する。授業後は，チェックカードでの定着化を図る。

● 準備

・ストップウォッチ
・聴き方カード，チェックカード
・振り返りシート（P.82参照）

● 場所

・教室や多目的教室

● ワークシート

聴き方カード

聴き方Ⅰ（望ましくない聴き方）
次のことに気をつけて，相手の人の話を聴いてください。
○相手に体を向けない
○話している人を見ない
○相づちをうたない

聴き方Ⅱ（望ましい聴き方）
次のことに気をつけて，相手の人の話を聴いてください。
○相手に体を向ける
○話している人を見る
○「うん，うん」「そう」などと相づちをうつ

チェックカード

	月／日（曜)	／（)	／（)	／
○今日，あなたが上手に相手の人の話を聴けたのはどんなときかな？				
○話の聴き方はどうでしたか？ （よくできたら◎，だいたいできたら○をつけましょう！）	体を向ける			
	話す人を見る			
	相づちをうつ			
	質問する			
	最後まで聴く			
	繰り返す			
○感じたこと				
	☆先生から			

	学習活動と生徒の様子	留意点
導入	＜ウォーミングアップとして，ジャンケンゲームなどの簡単なゲーム的活動をする＞ （１）人の話を聴くと，どんないいことがあるのかを考える。 ・「いろんなことがわかる」「相手のことがわかる」「相手が喜ぶ」「仲よくなれる」	・和やかな雰囲気をつくる。 ・話を聴くことが情報を得る以上に，相手に心理的報酬を与えることを強調する。
展開	（２）ロールプレイを見て，聴き方について考える。 　　　相手の話をしっかりと聴くためには，どんなことに気をつけたらいいのだろう？ ①２つのモデリングを見る。 　聴き方Ⅰ：望ましくない聴き方　聴き方Ⅱ：望ましい聴き方 ②話し役が感想を述べる。 　・「最初の聴き方は話をするのが嫌になった。後の聴き方は話しやすく，いい気持ちになった」 ③２つの聴き方の違いを話し合う。 　・「後の聴き方は，相手を見ていたり，うなずいたりしていたので，ていねいに聴いている感じがした」 ④聴き方の３つのポイントを確認する。 　　　a 体を向ける　b 話す人を見る　c 相づちをうつ （３）実際にロールプレイをして練習する。 ①ペアになって聴き方を練習する。 　・２分で役割（話し役・聴き役）を交代する。 ②感想を話し合う。 　・「話を聴いてもらって，気持ちがよかった」 　・「話を聴いていて，相手のことがよくわかった」 ③３つのポイントのほかに気をつけたらよいことを話し合う。 　・「質問してもらうと話しやすい」 　・「言ったことを繰り返してもらうと安心する」 ④相手を変えて練習する。	・モデリングの役割 　話し役：１名 　聴き役：２名 ・話す内容を例示して選択させる（昨日のこと，いちばんほしいもの・楽しいこと，好きなタレントなど）。 ・２つの聴き方の違いを指摘させる。 ・ポイントは，カードを準備しておく。 ・３人の場合は，観察役をつくる。 ・時間を区切り，話し手，聴き手の両方を体験させる。 ・実態に応じて，よい行動を取り上げたり，例示したりする。 ・新たなポイントも意識して練習させる。
まとめ	（４）お互いの聴き方のよかったところを話し合い，振り返りシートに記入する。感想を発表する。 （５）学習したスキルを確認し，日常生活でも実践する 　・１週間後にチェックカードを提出する。	・聴き方はペア間で相互にチェックする。 ・チェックカードを配布する。

(2) 関係維持スキル

⑥上手に質問をする
上手に質問をしよう

南川華奈

いま話してもいいかな

○○について聞きたいんだけど……ありがとう

獲得目標スキル

①声をかける，②しっかりと話を聴く，③質問する，④お礼を言う

● 本スキルのねらい

　質問は，自分にとって必要な情報を得るための行為である。わからないことを適切に尋ねることができないと，後で困ったり，誤解が生じ，人間関係に問題が生じたりするおそれがある。また，質問をすることで相手の話を真剣に聴いていることを伝えることもできる。本スキルでは，質問する際に，相手に気持ちよく応じてもらえるようなポイントを学ぶ。

　また，質問をする前は緊張したり，不安に思うかもしれないが，上手な質問の仕方を身につけると，安心して質問することができるようになることを体験させる。

● 準備
・ワークシート，チェックカード

● 場所
・教室など

● ワークシート

　　年　組　名前

1. なぜ上手に質問をすることが大切なのか

2. ポイント評価　　<◎，○，△>

①質問をする前，後の言葉かけ	
②相手の妨げになっていないか	
③視線・声の大きさ・明瞭さ	
④聞く前に質問内容を考えたか	

3. 質問をする前の気持ち

4. 上手に質問をしてみたときの気持ち

5. 上手に質問をされたときの気持ち

6. 感想

	学習活動と教師の言葉かけ	留意点
導入	（1）質問をすることの意義について考える。 「今日は，上手に質問をする方法を勉強します。まず，なぜ質問をすることが大事なのかを考えてみてください」 ①ワークシートに記入し，数人に発表してもらう。 ②質問には，以下の2つの意義があることを伝える。 　　a．自分の知りたい情報を相手からうまく得る 　　b．相手の話を聴いていることを伝える	・上手に質問できないと，どのような結果になるかを考え，初めにしっかりと問題意識をもたせる。 ・bについては特にしっかりと説明する。
展開	（2）教師のモデルを見て，それぞれの場面でどこがいけなかったのかを話し合う。さらに，上手に質問するにはどのようなことに気をつければよいのかを考える。 ＜友達に対して質問をする場面＞ ①違うことをしている友達にいきなり話しかける ②話の途中で関係のない質問をする ＜知らない人に対して質問をする場面＞ ③自信のない様子で話しかける（視線が合わない，声が大きすぎる・小さすぎる，語尾が不明瞭など非言語的側面に注意） ④何を質問しようとしているのかがわかりにくい （3）各場面で気づいたポイントを再度全体で確認する。 ・質問には，開いた質問（5W1Hの質問）と閉じた質問（はい・いいえで答える質問）の2種類があることを説明してもよい。 （4）3人ずつ（質問する役・質問される役・観察役）のグループに分かれてそれぞれの場面のリハーサルを行う。 ①友達に対して質問する場面のリハーサル ②知らない人に対して質問する場面のリハーサル	・気をつけるポイントは，①質問をする前（「いま話してもいいかな」），後（「ありがとう」）の言葉かけ，②相手の妨げになっていないか，③視線・声の大きさ・明瞭さ，④聞く前に質問内容を考えたか（何を質問するか一度自問してみる）である。 ・悪いやり方だと，質問される役がどんな気持ちになるか体験してみてもよい。
まとめ	（5）リハーサルを行った感想を話し合う。 ・ワークシートに記入し，それぞれの項目について各グループで話し合う。話した結果をクラス全体でまとめる。 （6）教師がまとめをし，日常生活に生かしていくよう話す。 「上手な質問で，聞きたいことが十分に聞き出せ，友達との会話がはずむことが体験できましたか」「質問をする前は緊張したり不安に思ったりしますが，上手に質問できれば，相手も快く答えてくれます。必要以上に質問を怖がる必要はありません」 「今後の生活の中で上手に質問する機会をつくり，自分でその様子をチェックカードに記入していきましょう」	・体験的に感じると理論的に考えるの両方できたかを確認する。 ・質問スキルを授業以外の場面でも使えるように，調べ学習などに質問スキルを利用していくとよい。

(2) 関係維持スキル

⑦気持ちに共感する
その気持ちわかるよ！

宝田幸嗣

（吹き出し）それは大変だったね　残念に思うよ

獲得目標スキル
①相手の表情をよく見る，②相手の気持ちを考える，③自分の気持ちを言葉で表す，④自分の気持ちを表情で表す

● 本スキルのねらい

相手の感情を知るために，表情の読み取り方，声や身ぶりへの注目の仕方などを身につけさせ，また，共感したことを言葉や表情，身ぶり・声などで伝え，なぐさめ・励まし・提案等ができることをねらいとする。まず「友達が共感してくれたらどんな気持ちになるか」を考えさせ，共感されると心が安らぐことに気づかせたい。次にロールプレイで「共感を示す言語的表現」をモデリングする。標的スキルを確認し，グループで練習する。授業後は，チェックカードでスキルの定着化を図る。

● 準備
・表情カード　・チェックカード
・ロールプレイシナリオ（P.83参照）
・ワークシート（P.83参照），振り返りシート（P.84参照）

● 場所
・教室や多目的教室

● ワークシート：「その気持ちわかるよ」チェックカード

	月／日（曜）	／（　）	／（　）	／（　）	／（　）	／（　）
○今日，あなたが上手に相手の気持ちをわかって働きかけることができたのはどんなときかな？						
○働きかけ方はどうでしたか？（よくできたら◎，だいたいできたら○をつけましょう！）	相手の表情をよく見る					
	相手の気持ちを考える					
	自分の気持ちを言葉で表す					
	自分の気持ちを表情で表す					
○感じたこと	☆先生から					

第4章　ソーシャルスキル教育の14の基本スキル

	学習活動と生徒の様子	留意点
導入	＜ウォーミングアップとして，ジャンケンゲームなどの簡単なゲーム的活動をする＞ （1）「友達が○○だったらどんな気持ちになるか考えてみよう」と場面設定を見て，友達の気持ちを考える。 　①泣いていたら，②笑っていたら，③「共感」してくれたら ・「ほっとする」「安心する」「うれしくなる」	・和やかな雰囲気をつくる。 ・「友達の気持ちを自分の気持ちのように感じることを『共感』という」と理解する。
展開	（2）相手の気持ちに共感する方法を学ぶ。 　　相手の気持ちに「共感」するには，どんなことに気をつけたらいいのだろう？ ①4人の生徒に表情カードに記されている表情をさせ，それを見て，それぞれがどんな気持ちでいるのかを考える。 　表情A：「うれしい」　　表情B：「怒っている」 　表情C：「不安である」　表情D：「悲しい」 ②家の鍵をなくして困っている友達に対する4人の言葉かけのロールプレイ（P.83参照）を見る。 　生徒A：攻撃的な言い方　生徒B：非主張的な言い方 　生徒C：主張的な言い方（無表情）　生徒D：主張的な言い方 　　（表情を伴う）　生徒E：鍵をなくして困っている生徒 ③言葉をかけられる役の生徒が感想を述べる。 ・「1つ目は，冷たい感じがした。2つ目は，無視されたようで悲しかった。3つ目は，無表情だったので気持ちをわかってくれない感じがした。4つ目は，気持ちがわかってもらえてうれしかった」 ④4つの言葉かけについて感じたことを話し合う。 ・「自分の気持ちをしっかりと言葉で伝えることが大切だ」 ・「表情やしぐさがないと気持ちは伝わりにくい」 ⑤共感していることを相手に伝えるポイントを確認する。 　a自分の気持ちを表す言葉　b表情 （3）ロールプレイを行い，あたたかい言葉かけを練習する。 ①4つの場面で自分の気持ちを表す言葉を考え，記入する。 ②4人グループになって言葉かけを練習する。時計回りに役割（主役・声をかける役）を交代する。 ③それぞれの言葉や伝え方のよかったところを話し合う。 ④場面を変えて練習する。	・「相手の表情をよく見る」「相手の気持ちを考える」の2点を押さえる。 ・モデリングする生徒は事前に指名してもよい。ロールプレイをした生徒に，拍手するなど配慮する。 ・4つの伝え方の違いについて指摘させる。 ・ポイントは，具体的な例で説明する。 ・多様な表現をするよう促す。 ・上手に伝えている生徒を数名指名し，全体にモデルを示すのも効果的である。
まとめ	（4）授業を振り返り，日常生活でもスキルの実践する。 ①振り返りシートを記入し，感想を発表する。 ②学習したスキルを確認し，日常生活で実践していく。 ・1週間後にチェックカードを提出する。	・最後の相手にチェックしてもらう。 ・チェックカードを配布する。

(2) 関係維持スキル

⑧あたたかい言葉をかける
心があたたかくなる言葉

金山元春

「重そうだけど大丈夫？私も手伝おうか」

獲得目標スキル

①あたたかい言葉の基本形「相手の様子」＋「自分の気持ち（感情も含めて）」，②共通非言語スキル

● 本スキルのねらい

あたたかい言葉とつめたい言葉を区別し，それぞれの言葉が人間関係に及ぼす影響を考えさせる。そして，相手に気持ちが伝わりやすいあたたかい言葉かけの方法について言語，非言語の両面から学ばせる。多様な練習場面を用意し，状況に応じた言葉かけができるようにする。

● 準備

・一枚絵（練習する場面分）
・「今日の発見・今日の挑戦」シート（西村，2000をもとに作成）

● 場所

・教室

● ワークシート：「今日の発見・今日の挑戦」

◇今日の発見　あなたの周りであたたかい言葉かけをしている人を見つけてみましょう。そして，下の表に，その様子を記録しましょう。

	いつ	だれが	だれに	特に上手だったところ	そのときの相手の様子
例	○月○日 朝	母が	父に	父に近づいて，顔を見ながら「風邪気味だから無理をしないようにね」とやさしく言っていた	父は笑顔で「ありがとう，行ってきます」と言っていた

◇今日の挑戦　自分があたたかい言葉をかけたときの様子を下の表に，記録しましょう。

	いつ	どこで	だれに	特に気をつけたこと	そのときの相手の様子・自分の気持ち
例	○月○日 給食前	学校の廊下で	友人に	友人が運んでいる食缶が重そうだったので，近づいて，笑顔で「1人で大丈夫？ 手伝おうか」と声をかけた	友人は笑顔で「ありがとう」と言った。うれしそうにしていた。自分も心地よかった

	学習活動と教師の言葉かけ	留意点
導入	（1）つめたい言葉とあたたかい言葉について考える。 ・つめたい言葉とあたたかい言葉を発表させ，板書する。 「言われると悲しくなったり，さみしい気持ちがして元気がなくなったりする言葉があります。また，反対に言われるとうれしくなったり，元気が出たりする言葉があります。どんな言葉が思いつきますか」	・「あたたかい言葉」と「つめたい言葉」を区別し，見出しをつけて対比する。
展開	（2）つめたい言葉とあたたかい言葉の，不適切な使い方と適切な使い方をロールプレイする。 「つめたい言葉とあたたかい言葉を使います。まず重い荷物を1人で運んでいる人につめたい言葉を使います」 ・「何してんの！　早く運べよ！」等，つめたい言葉を使う。 ・つめたい言葉について聞いた後，「重そうだけど大丈夫？　手伝おうか」等，あたたかい言葉を使う。 「どんな感じがしましたか？　聞いているだけでも心地よい言葉ですね。実際に言われるととてもうれしいでしょうね。それに，言葉をかけた私もやっぱりあたたかい言葉を使っているときのほうが，気持ちがよかったです」 （3）あたたかい言葉かけの形を学ぶ。 「あたたかい言葉をかけるときには，相手に気持ちが伝わりやすい言い方があります」 　　「相手の様子」＋「自分の気持ち（感情も含めて）」 ・「さっきの例だと『重そうだけど』＋『大丈夫？　手伝おうか』がそうです」と示し，ほかの例もあげる。 　　・ほめる「そんなにできて」＋「すごいね」 　　・励ます「残念だけれど」＋「きっとうまくいくと思うよ」 　　・心配する「しんどそうだね」＋「大丈夫？」 　　・感謝する「手伝ってくれて」＋「ありがとう」 （4）あたたかい言葉を使う練習をする。 「実際に練習をしましょう。いまから絵を見せるので，その場面を想像してあたたかい言葉をかけてください」 ・多様な場面が描かれた一枚絵をランダムに提示する。 ※グループの人数が仮に3人であるとしての練習の流れ ・絵提示→AがCに言葉をかける ・絵提示（場面変更）→BがAに言葉をかける ・絵提示（場面変更）→CがBに言葉をかける	・どんな感じがしたか，どんな気持ちになるかを考えさせる。 ・生徒に荷物を運んでいる役をさせ，教師があたたかい言葉をかけてもよい。その際，言葉をかけられた生徒の気持ちを聞いてみる。 ・共通非言語スキル（小林・相川，1999）として，距離，表情，視線，声の大きさ等も含めてフィードバックを与える。 ・見ている生徒にはポイントに注意しながら見るように伝え，適時，フィードバックさせる。言葉をかけられたほうの印象，気持ちを聞く。
まとめ	「あたたかい言葉をかけている人を見つけて記録しましょう。また，自分があたたかい言葉をかけたときの様子を記録しましょう」	・「今日の発見・今日の挑戦」シートを配る。

(3) 主張性スキル

⑨はっきり伝える

めざせ！しずかちゃん!!

橋本　登

非主張的　主張的　攻撃的

獲得目標スキル
①3種類の主張パターン，②DESC法，③わたしメッセージ，④非言語的表現

● 本スキルのねらい

　ここでは自分と相手の権利を尊重しつつ気持ちや考えを素直に表現できる，主張性スキルの獲得をめざす。

　まず非主張的・攻撃的・主張的表現を「ドラえもん」ののび太，ジャイアン，しずかちゃんの表現方法になぞらえて理解させる。次にDESC法（P.157参照）を「みかんてそうな」で覚えさせ，感情を伝えるにはわたしメッセージ（I-message）を使うとよいことを理解させる。

● 準備
・ワークシート（西村，2000をもとに作成）
・宿題シート

● 場所
・教室

● ワークシート

「はっきり伝える」ワークシート

　　　年　　組　　名前

＊場面設定

①み＝見える事実を述べる

②かん＝感情を伝える

③て＝提案する

④そ＝そうすれば……

⑤うな＝うまくいく・仲よくなれる

「はっきり伝える」宿題シート

　　　年　　組　　名前

1 いつ：

2 だれと：

3 どのような場面で：

4 どのスキルを，どう使ったか：

5 その結果は：

6 自分の感想：

	学習活動と生徒の様子（教師：○，生徒：◆）	留意点
導入	（1）「今日の授業は『はっきり伝える』です」と学ぶスキルを知り，「ドラえもん」の登場人物の答え方を考える。 ○「のび太・ジャイアン・しずかちゃんのうち，自分の気持ちや考えを『はっきり伝える』のは3人のうちだれでしょう」「今日は「しずかちゃん」の伝え方・主張の仕方を考え，練習します。『めざせ！しずかちゃん！！』です」	・「ドラえもん」の3人のキャラクターやその印象についてはできるだけ生徒から出させるようにする。
展開	（2）登場人物の伝え方をあげ，非主張的・攻撃的・主張的のそれぞれの方法について知る。 ○「のび太やジャイアンはどんな伝え方かな？」 ◆「のび太ははっきりしない」「ジャイアンは何か怖い」 ○「そうだね。のび太は非主張的，ジャイアンは攻撃的，しずかちゃんの伝え方は主張的と言うんだ」「伝え方としてはしずかちゃんがお手本になります」 （3）「みかんてそうな」の合い言葉を示し，主張的な言い方を考え，モデリングを見てロールプレイをする。 ┌─────────────────────────────┐ │ み 見える事実を述べる　かん 感情を伝える（わたしメッセージ。相手を非難するのではなく，自分の感情を伝える）。 │ て 提案する　そ そうすれば　う・な うまくいく・仲よくなれる。 └─────────────────────────────┘ ○「次の場面を『みかんてそうな』を使って，友達が納得するせりふを隣との2人組で考えてみましょう」 場面：ほかのクラスの友達が，黙って理科の教科書を借りていったため，理科の授業で先生に注意されてしまった。 ○「A君を友達として2通りのロールプレイをします」 　①非言語的表現を使わない，②非言語的表現を使う ○「いまのロールプレイを参考に練習します。4人組で2人は観察者です。伝え方の練習の後，観察者はアドバイスしてください。1人2分間，交代で全員がやってください」 例： み 教科書黙って持っていったよね。 かん 僕は授業中困るし，怒られるし嫌な思いをしたんだ。 て これからは声をかけるかすぐ返してほしい。 そう そうすれば快く貸せる。 う・な 僕が借りるときも，お互いうまくやれると思うよ。 ◆真剣に演じたペアは，適確なアドバイスをもらっている。 ○「ではB君たちにロールプレイをしてもらいます。よい点を探してください」	・お互いの権利を尊重しながら自分の気持ちや考えを素直に表現しているのはだれか，考えさせる。 ・「みかんてそうな」は，鈴木教夫案出「みかんていいな」をもとに考案。 ・声の大小・距離・視線・表情も伝えるのに大切だと気づかせる。 ・次にモデリングをしてもらう，上手な生徒を探しておく。 ・感じたことや気づいたことを，4人で4分間シェアリングさせる。
まとめ	（4）「はっきり伝える」やり方を使うと，どうなるかを考え，発表する。 ◆「仲が壊れないでうまくいきそう」「もっとよくなるかも」 ・宿題シートに取り組み，1週間以内に提出する。	・どんな場面で使えたか，どんな場面で使えそうか考え，発表する。

(3) 主張性スキル

⑩きっぱり断る
上手な断り方

江村理奈

> Aさんムカツクからシカトしよう

> ごめん，私そういうことしたくないんだ Aさんに何か言いたいなら一緒に言おうか？

獲得目標スキル

①断り方のパターンを知る，②断る際の言語的側面を身につける，③断る際の非言語的側面を身につける

● 本スキルのねらい

中学生は，友達と一緒に行動したいという気持ちから，自分の意見を抑えて相手に合わせてしまうことがある。そのため周囲からの応じたくない要求にも応じてしまい，従属的な関係になってしまったり，ストレスをためてしまったりする。そこで，相手との対等なよりよい関係を形成するために要求に応じられないときや応じたくないことには適切に断る方法を学習する。

● 準備

・掲示用の約束事カード，「上手な断り方」ポイントカード（展開例参照）
・ワークシート
・事前アンケート，シナリオ，宿題シート（P.84～85参照）
・振り返りシート（P.81参照）

● 場所

・教室や多目的教室

● ワークシート：「上手な断り方」

年　組　名前			

☆場面を選んで上手な断り方を考えて，練習してみよう！

【手順】
①班の中で2人（3人）ずつのグループをつくる
②場面を一つずつ選んで，右の場面に記入する
③登場人物・担当者を決める
④シナリオを作る（せりふを考える）
⑤シナリオにそって練習する
⑥班内で発表し合う
⑦お互いのよかったところを言い合う

【場面】

登場人物	担当者	せりふ

第4章 ソーシャルスキル教育の14の基本スキル

	学習活動と生徒の様子	留意点
導入	（1）約束事の確認をする。 　①積極的に練習しよう　②自分や友達ががんばっていたらほめよう　③文句や悪口を言わないようにしよう （2）「断ること」について考える。 ・事前のアンケート結果から，断りにくい状況をみんなが経験していることに気づかせる。 ・断り方によって人間関係を壊したり，お互いが不愉快な思いをしたりすることもあることに気づかせる。 （3）本時の目標を知る。 ・「上手な断り方」と本時の目標を板書する。	・左の約束事カードを掲示し，互いに楽しく学習するには大切なことを確認する。 ・事前に生徒にアンケートをとり，結果を教師が把握しておく。
展開	（4）教師（生徒）同士または教師と生徒のロールプレイを見て3つの断り方（攻撃的・非主張的・主張的）の特徴を知る。 ・用事があり急いでいるときに，帰りに遊ぼうと誘われ断る場面。 ・シナリオにそって3つのパターンを示し，それぞれの感想や特徴を発表してもらう。 ・言ったほう，言われたほうの気持ちに焦点を当てる。 「断り方のコツ（ポイント・大切なこと）は何かな？」 （5）上手な断り方のポイントを整理する。 　上手な断り方のポイント 　①謝る，②理由，③断りの言葉，④代わりの案 ・話し方で大事な点として，非言語的側面を確認する。 　①相手の近くで，②相手を見て，③聞こえる声で，④状況に応じた表情で （6）グループに分かれ，シナリオを作り練習をする。 ・グループ内で2人組（3人組）になり，場面を一つ選んでシナリオを考えて練習する（ワークシートを利用）。 場面例：①上記と同じ場面。②部活を休んで一緒に帰ろうと誘われた。③仲がよい友達から「あの人ムカツクから無視しよう」と言われた。④テスト直前で自分も勉強したいときにノートを貸してと言われた。 （7）グループ内で発表し，何組か全体の前で発表する。 ・全体の前でのロールプレイがむずかしい場合は，複数のグループ同士で発表する。互いに，よかった点や感想を言ってもらう。	・日常生活でよく見られる場面をあげる。 ・3つの断り方は，パターン①②③や，いばった，もじもじ・おどおど，すっきりと言いかえてもよい。 ・相手も自分も気持ちのよい断り方という視点を大切にする。 ・生徒の発言をまとめ，左記のポイントカードを掲示する。 ・状況によっては，断り方のポイント④がない場合もあることを伝える。 ・教師はグループを回って支援する。
まとめ	（8）本時の活動を振り返る。 （9）振り返りシートに感想を記入する。 （10）宿題シートに取り組み，日常生活でも実践する。	・ポイントを振り返り，実践につながるような働きかけを行う。

(3) 主張性スキル

⑪やさしく頼む

上手な頼み方

江村理奈

> Aさんちょっといい？国語の教科書忘れちゃったんだ

> 申し訳ないけど次の時間貸してもらえないかな

獲得目標スキル

①頼み方の種類を知る，②頼み方の言語的側面（a理由，b頼む内容，cお礼や気持ちなど）を身につける，③頼み方の非言語的側面を身につける

● 本スキルのねらい

中学生になると部活や行事などでさまざまな役割を担うことになる。そこで，頼み方を学び，適切に自分の要求を相手に伝えることができるようになることをめざす。また，頼んだり，頼まれたりする体験を通して，頼み方による感情の変化や引き受けてもらったときのうれしさなどにも焦点を当てる。

● 準備

・掲示用の約束事カード，「上手な頼み方」ポイントカード（展開例参照）
・ワークシート
・振り返りシート（P.81参照）
・シナリオ，宿題シート（P.86参照）

● 場所

・教室や多目的教室

● ワークシート：「上手な頼み方」

年　組　名前

☆いろいろな場面での「上手な頼み方」を考えて，練習してみよう!!

①ポイントを生かして，それぞれの場面での頼み方を考えて書いてみよう。
②2人組になって練習してみよう。
③役割を交代して練習してみよう。

場面①：学校を休んだ日のノートを貸してほしいとお願いする場面

場面②：用事があるので係の仕事を代わってほしいと頼む場面

場面③：教科書を忘れたので，一緒に見せてほしいと頼む場面

場面④：委員会の話し合いをしたいので，放課後に残ってほしいと頼む場面

場面⑤：重い教材を教室まで運ぶのを手伝ってほしいと頼む場面

	学習活動と生徒の様子	留意点
導入	（1）約束事の確認をする。 　　①積極的に練習しよう　②自分や友達ががんばっていたらほめよう　③文句や悪口を言わないようにしよう （2）だれかに何かを「頼むこと」について考える。 「最近『だれかに何かを頼みたかったけど，できなかった』『頼まれたけど嫌だった』ということがあるかな？」 （3）本時の目標を知る。 ・「上手な頼み方」と本時の目標を板書する。	・左の約束事カードを掲示する。 ・時間があればウォーミングアップ（ゲーム等）をすると発言が活発になる。
展開	（4）教師（生徒）同士または教師と生徒のロールプレイを見て3つの頼み方（攻撃的・非主張的・主張的）の特徴を知る。 ・学校を休んだときのノート貸してほしいとお願いする場面。 ・シナリオにそって3つのパターンを示し，それぞれの感想や特徴を発表してもらう。 ・頼んだほう，頼まれたほうの気持ちに焦点を当てる。 ・「頼み方のコツ（ポイント・大切なこと）は何かな？」 （5）上手な頼み方のポイントを整理する。 　上手な頼み方のポイント 　　①相手に気づいてもらう（相手の様子をよく見る），②理由，③頼む内容，④気持ちやお礼を伝える ・話し方で大事な点として，非言語的側面を確認する。 　言葉かけのポイント：①相手の近くで，②相手を見て，③聞こえる声で，④状況に応じた表情で （6）2人組に分かれていろいろな場面での上手な頼み方を練習する。 場面例：①上記と同じ場面 　　　　②用事があるので，係の仕事を代わってほしい 　　　　③教科書を忘れたので一緒に見せてほしい 　　　　④話し合いをしたいので，放課後に残ってほしい 　　　　⑤教材を運ぶのを手伝ってほしい ・断られたときの練習もあわせて行い，役割を交代して練習する。 （7）全体の前で発表する。 ・全体の前でのロールプレイがむずかしい場合は，グループになって発表し合い，よかった点や感想を言ってもらう。	・日常生活でよく見られる場面をあげる。 ・3つの頼み方は，パターン①②③や，いばった，おどおどなど言いかえてもよい。 ・相手も自分も気持ちのよい頼み方という視点を大切にする。 ・生徒からの発言をもとにポイントをまとめ，左記のポイントカードを掲示する。 ・教師はグループを回って支援し，フィードバックする。
まとめ	（8）本時の活動を振り返る。 （9）振り返りシートに感想を記入する。 （10）宿題シートに取り組み，日常生活でも実践する。	・ポイントを再度振り返り，実践につながる働きかけをする。

(4) 問題解決スキル

⑫ きちんと謝る
ゴメンの達人

橋本 登

- ごめん／本当にごめん
- ま：私が悪かったんだ
- り：実は…だったんだ
- こ：これからは…にするね

獲得目標スキル

①謝罪スキル，②非言語的スキル

● 本スキルのねらい

他人を傷つける言動をしたり，迷惑をかけるなどの過ちを犯したりすることがある。大事なのは過ちを犯さないことではなく，その後の対応である。相手にきちんと謝ることは対人的な問題解決の第一歩になる。本スキルでは謝罪の言語表現の基本形である「謝罪の言葉＋自分の非を認める表現＋原因への言及＋改悛の約束」を「ごめん，ま・り・こ」で理解させる。また表情・声の大きさ・視線・距離などの非言語的表現の重要性にも気づかせる。

● 準備

・ワークシート　・宿題シート

● 場所

・教室（椅子のみ，机は廊下に出す）

● ワークシート

「きちんと謝る」ワークシート

年　組　名前

＊場面設定

「ごめん，ま・り・こ」で表現化

①ごめん＝謝罪の言葉

②ま＝まちがい（自分の非）を認める表現

③り＝理由（原因）への言及

④こ＝これからは…（改悛の約束）

「きちんと謝る」宿題シート

年　組　名前

1 いつ：

2 だれと：

3 どのような場面で：

4 どのスキルを，どう使ったか：

5 その結果は：

6 自分の感想：

	学習活動と生徒の様子（教師：○，生徒：◆）	留意点
導入	（1）他人の言葉で傷ついたり迷惑をかけられたりしたこと・自分が傷つけたり迷惑をかけたりしたことを思い出し，どんな謝り方がよかったのかを考え，発表する。 ◆他人から：「あまりない」「ありすぎてわからない」 ◆自分がした：「あのときは悪かった」「ちゃんと謝ってない」 ◆どんな謝り方：「心から言う」「自分のまちがいを言う」 ○「今日は謝り方を極めて『ゴメンの達人』をめざします」	・大切なことは過ちを犯さないことではなく，その後どんな謝り方をしたかである，という考え方に着目させる。 ・呼名して発表させる。
展開	（2）謝り方が上手なとき・そうでないときにどうなるかを伝え，「ゴメンの達人」になる合い言葉を示す。 ◆上手でないとき：「仲が悪くなる」「人間性を疑われる」 ◆上手なとき：「自分をわかってもらえる」「仲よくなれる」 ○「では『ゴメンの達人』になれる合言葉を教えます」 ◆「真理子さんに謝っているみたい」「でも覚えやすいね」 　　ごめん 謝罪の言葉　ま まちがいを認める言葉　り 理由・原因への言及　こ これからは…（改悛の約束） ○「次の場面で『ごめん，ま・り・こ』を使って，友達が納得してくれるセリフを隣との2人組で考えましょう」 場面：部活のない日曜日，部活で使う物を買いに行くのに，友達につきあってもらうことになった。しかし寝坊して約束の時間に遅れ，友達を30分も待たせてしまった。 例： ごめん 遅刻してホントにごめん。 ま つきあってもらったのに，僕が悪かった。 り 寝坊してしまったんだ。 　　 こ これからは約束したことに責任もつから。 （3）「ごめん，ま・り・こ」を使って，謝る場面のロールプレイを体験する（1人2分で，全員が行う）。 ○「友達に対して2通りのロールプレイをします」 　①非言語的表現を使わない　②非言語的表現を使う ○「モデリングを参考に練習します。4人組で2人が演じる役，2人が観察者です。2人が交互にロールプレイをした後，観察者が感じたことをアドバイスします」 ○「上手にできたグループに皆の前でやってもらいます。よい点や自分に取り入れたいところを探してください」「感じたこと気づいたことを，4人組で話し合ってください」	・相手にきちんと謝ることは，対人的な問題解決の第一歩になるという視点を大切にする。 ・声の大小・距離・視線・表情も伝えるのに大切だと気づかせる。 ・全員にロールプレイを見せる上手な生徒を探しておく。 ・見ながらメモするとよいと助言する。
まとめ	（4）「きちんと謝る」やり方を使うと，どうなるかを話し合い，スキルを振り返る。 ◆「待たされても納得しやすいかな」「今後に期待できるよ」 　「4段階を知っていると謝りやすい」「気持ちも入れやすい」 ・宿題シートを配り，1週間以内に提出させる	・どんな場面で使えたか（過去），どんな場面で使えそうか考えさせ，発表させる。

(4) 問題解決スキル

⑬怒りをコントロールする
気持ちのコントロール
―4つの対処法―

宝田幸嗣

（吹き出し）これお前のせいだろ！どうしてくれるんだよ！

獲得目標スキル
①深呼吸する，②数をかぞえる，
③自己会話する，
④快イメージを浮かべる

● 本スキルのねらい

ここでは，怒りの感情や衝動をコントロールするスキルを学ぶ。相手を傷つけたり人間関係を壊したりしないよう，怒りの感情への適切な対処法の習得をめざす。

まず「怒りはどんなときに生じるか」「体にどんな変化が生じるか」を考える。相手と自分に影響を与えた体験を振り返り，怒りを抑え込むのではなく，適切に対処していくことが大切だと気づかせたい。次に，4つの怒りのコントロール法を教える。全体でスキルを確認した後，グループで練習し，自分に適したスキルを見つけさせたい。授業後は，チェックカードによって学習したスキルの定着化を図る。

● 準備
・ワークシート（P.87参照），振り返りシート（P.87参照）
・チェックカード

● 場所
・教室や多目的教室

● ワークシート：「気持ちのコントロール」チェックカード

		月／日（曜）	／（ ）	／（ ）	／（ ）	／（ ）	／（ ）
○今日，あなたが上手に気持ちをコントロールできたのはどんなときかな？							
○どのような方法でコントロールしましたか？ （うまくできたら◎，だいたいできたら○をつけましょう！）	深呼吸						
	カウントダウン						
	自己会話						
	心地よいイメージ						
○感じたこと							

	学習活動と生徒の様子	留意点
導入	＜ウォーミングアップとして，ジャンケンゲームなどの簡単なゲーム的活動をする＞ （1）どんなときに「怒り」を感じるか話し合う。 （2）「怒り」を感じたとき，体にはどんな変化が起きるか考える。 ・「頭に血がのぼる」「体が熱くなる」 （3）「怒り」を感じて，友達や家族とトラブルになった体験を話し合う。 ・「言い合いになった」「ケンカになった」「しばらく口をきかなかった」	・和やかな雰囲気をつくる。 ・「怒り」を抑え込むのではなく，適切に対処することが大切なことを押さえる。
展開	（4）怒りのコントロール法に興味をもつ。 　「怒り」をうまくコントロールしていくには，どうしたらよいのだろう？ （5）4つのコントロール法を知る。 　A：深呼吸 　　「大きく息を吸って，ゆっくりはき出す（数回繰り返し）」 　B：カウントダウン 　　「5・4・3・2・1。はい，落ち着いた！」 　C：自己会話 　　「落ち着いて，落ち着いて」「大丈夫，大丈夫」 　D：心地よいイメージ（目を閉じて） 　　「緑の草原で風に吹かれている自分」「海にぷかぷか浮いている自分」 （6）自分なりのコントロール法を考えて，ワークシートに記入する。 　場面1：友達から嫌なことをされたとき 　場面2：自分が悪くないのに文句を言われたとき 　場面3：自分の大切なものを壊されたとき 　場面4：約束を破られたとき （7）4～5人のグループになり，各自のコントロール法を発表する。 （8）それぞれのコントロール法のよさを話し合う。	・教師がモデルを示した後，実際に練習させる。 ・自分に適したスキルを見つけるように指示する。 ・自分に合った言葉やイメージでよいことを確認する。 ・ワークシートを配布する。 ・生徒の実態に応じて場面を設定する。 ・特定の生徒が想定できないように配慮する。 ・対処法の多様性に気づかせたい。
まとめ	（9）感想を発表する。 （10）振り返りシートを記入する。 （11）学習したスキルを確認し，日常生活でも実践する。 ・1週間後にチェックカードを提出させる。	・チェックカードを配布する。

（4）問題解決スキル

⑭トラブル解決策を考える
トラブルの解決策を考えよう

江村理奈

声をかけても避けられる…
どうしたらいいかな？

獲得目標スキル
①問題解決の手順（6ステップ）を身につける，②自分も相手も尊重できる解決策を選ぶ

● 本スキルのねらい

　トラブルを避けるために，自分の意見を言わなかったり，表面上の関係しかつくらなかったりする生徒がいる。そこで，トラブルがあっても解決方法を考えて実践するなかで，よりよい関係を築けることに気づき，対人的問題解決の方法を身につける。

● 準備

・掲示用の約束事カード

・ポイントカード（展開案参照）
・ワークシート
・振り返りシート（P.81参照）
・シナリオ，宿題シート，班用ワークシート（P.88・89参照）

● 場所

・教室や多目的教室

● ワークシート：「トラブルの解決策を考えよう」

年　　組　　名前

こんなときどうする？

最近，Aさんは，仲のよかったクラスメイト（Bさん）に声をかけてもなんだか避けられているようです。

あなたは，こんなときふだんどのようにしていますか？
または，どうすると思いますか？

考えてみよう

問題は何かな？	
どうしたいのかな？（目標設定）	

グループに分かれて解決策をたくさん考えてみよう

	学習活動と生徒の様子	留意点
導入	（1）約束事の確認をする。 　①積極的に練習しよう　②自分や友達ががんばっていたらほめよう　③文句や悪口を言わないようにしよう （2）トラブルが悪いことではなく解決が大事なことに気づく。 ・教師の経験談（トラブル解決）や生徒に経験を尋ねる。 （3）本時の目標を知る。 ・「トラブルの解決策を考えよう」と本時の目標を板書する。	・左の約束事カードを掲示し，楽しく学習するには必要なことを確認する。 ・感情に注目したゲームなどを入れると関心が高まる。
展開	（4）ロールプレイで問題場面を提示する。 ・クラスの友達に声をかけても避けられる場面。 ・「ここでは，何が起こってるのかな？」と登場人物の気持ちを考え，問題点を明らかにする【手順①】。 ・ふだんしている対処をワークシートに記入する。 （5）グループで解決策をできるだけ多く考える【手順②】。 ・関係を修復するにはどうしたらいいか班用ワークシートに記入し，いちばん多く考えたグループに解決策の内容を発表してもらう。違う意見があれば発表してもらう。 解決策を考えるときのヒント 　①たくさん考えよう　②よい悪いは後で考えよう 　③具体的に考えてみよう　④いろんな側面から考えてみよう 　⑤組み合わせてみよう （6）グループで結果を予想し，解決策を第2候補まで絞る。【手順③④】 ・ワークシートに記入しながら考える。 ・「自分も相手も大切にする解決策は？」 （7）第1候補の解決策と結果の予想をカードに書いて黒板に掲示し，共通するものを分類する。 （8）第1候補の解決策の実行の順番を考えて発表する【手順⑤】。 ・2時間連続で授業できる場合は，ロールプレイも行う。 （9）問題解決の手順を整理する。 　①問題の明確化　②解決策を考える　③結果を予想する　④解決策を決める　⑤順番を考えて実行する　⑥成果を確かめる ・成果を確かめてうまくいかなかった場合は，ほかの解決策を試してみることを伝える【手順⑥】。	・シナリオにそってロールプレイを見せる。 ・【手順①】～【手順⑥】はP.51の「問題解決の6ステップ」に相当。 ・4人組程度がよい。 ・板書するかOHC（実物投影装置）などを用いて視覚化する。 ・相手も自分も大切にするという視点を強調する。 ・解決策の実行は，これまで学んだスキルが使えると伝える。 ・問題解決の手順のポイントカードは，先に示してもよい。
まとめ	（10）本時の活動を振り返る。 （11）振り返りシートに感想を記入する。 （12）宿題シートに取り組み，日常生活でも実践する。	・ポイントを振り返り，実践につながるような働きかけを行う。

引用・参考文献

・小林正幸・相川充（編）『ソーシャルスキル教育で子どもが変わる　小学校』図書文化，1999年。
・中台佐喜子・金山元春・斉藤由里・新見直子「小，中学校教諭と中学生に対する社会的スキル教育のニーズ調査」『広島大学大学院教育学研究科紀要第三部（教育人間科学関連領域）』52，2003年，267-271頁。
・西村美香「子どもどうしのよりよい関係づくり」國分康孝・中野良顯編『これならできる教師の育てるカウンセリング』東京書籍，2000年，175-192頁。
・佐藤正二・相川充（編）『実践！ソーシャルスキル教育　小学校』図書文化，2005年。
・園田雅代・中釜洋子『子どものためのアサーション＜自己表現＞グループワーク—自分も相手も大切にする学級づくり—』金子書房，2000年。
・園田雅代・中釜洋子・沢崎俊之（編著）『教師のためのアサーション』金子書房，2002年。
・高岡町立高岡中学校・宮崎大学教育文化学部「ソーシャルスキル教育指導案集—中学校におけるソーシャルスキル教育の実践的研究—」宮崎大学教育学部作成冊子，2001年。

第4章のワークシート

スキル王チェック！

年　　組　　氏名

◇いまの自分を振り返って、あてはまるところに○をつけよう！

	ぜんぜんしていない	あまりしていない	ときどきしている	よくしている	いつもしている
★自分から友達を活動や遊びに誘う。	1	2	3	4	5
★特に親しくない人に対しても遊び活動に誘う。	1	2	3	4	5
★友達を遊びや活動に誘うときには、相手の近くに行って声をかける。	1	2	3	4	5
★友達を遊びや活動に誘うときには、相手の目を見て話す。	1	2	3	4	5
★友達を遊びや活動に誘うときには、相手に聞こえる声の大きさで話す。	1	2	3	4	5
★友達を遊びや活動に誘うときには、笑顔で話す。	1	2	3	4	5
★友達を遊びや活動に誘うときには、相手の名前を言ってから話しかける。	1	2	3	4	5
★友達を遊びや活動に誘うときには、活動の内容を伝えて誘いの言葉をかける。	1	2	3	4	5

第4章　ソーシャルスキル教育の14の基本スキル

振り返りシート

年　　　組　　　氏名

☆今日の授業を振り返って，次の質問に答えて，あてはまるところに○をつけてください。

（1）今日の授業は楽しかったですか？

楽しくなかった	あまり楽しくなかった	少し楽しかった	楽しかった

（2）「　　　　　」スキルの説明がよくわかりましたか？

わからなかった	あまりわからなかった	少しわかった	わかった

（3）「　　　　　」スキルの上手な例がよくわかりましたか？

わからなかった	あまりわからなかった	少しわかった	わかった

（4）「　　　　　」スキルのポイントがわかりましたか？

わからなかった	あまりわからなかった	少しわかった	わかった

（5）「　　　　　」スキルの練習は十分にできましたか？

できなかった	あまりできなかった	少しできた	できた

（6）今後，「　　　　　」スキルを使うときにうまくできると思いますか？

そう思わない	あまりそう思わない	少しそう思う	そう思う

☆今日の授業の感想を書いてください。

☆意見や質問があったら書いてください。　　　☆先生からひとこと

Part2　中学生のための基本ソーシャルスキル

「仲間の誘い方」宿題シート

年　組　氏名

◇ 友達から誘われたことを書いてみよう！

気づき

	いつ？	どこで？	だれから？	どんなときに、どんな言葉をかけられた？	どんな気持ちになった？
例	7月4日の昼休み	教室で	友達から	ご飯食べたら、サッカーしない？」と声をかけられた。	サッカーやりたいと思ってたからうれしかった。
1					
2					
3					
4					

チャレンジ

☆ 友達をいろんなことに誘ってみよう！

	いつ？	どこで？	だれを？	どんなときに、どんな言葉をかけた？	どんな気持ちになった？
例	7月5日の昼休み	教室で	クラスの人に	何人かで、おしゃべりをしていたときに、近くに座っていた人に、「一緒に話さない？」と声をかけた。	相手がうれしそうにしてくれたので、自分もうれしかった。
1					
2					
3					
4					

☆ 友達を誘ってみた感想を書いてください

☆　　　月　　　日に提出してください。

「上手な聴き方」振り返りシート

年　組　氏名

◇ 友達の話を上手に聴くことができましたか？

話をしてくれた友達に○か×を書き入れてもらいましょう。
※よくできたところは◎、だいたいできたところは○。

	上手に聴くためのポイント	◎・○
1	相手に体を向ける	
2	話す人を見る	
3	相づちをうつ	
4	質問する	
5	最後まで聴く	
6	相手の言葉を繰り返す	

◇「上手な聴き方」は、どうすればよいかわかりましたか？
あてはまるところに○をつけましょう。

よくわかった（　）　だいたいわかった（　）　あまりわからなかった（　）　わからなかった（　）

◇ 今日の授業で、感じたことや思ったことを書きましょう！

「その気持ちわかるよ!!」ワークシート

年　組　氏名 _____

◇友達が次の①〜④の場面(状況)のとき、あなたはどんな働きかけをしますか？

	場面（状況）	自分の気持ちを表す言葉
1	[欲しかったものが手に入って、うれしそうにしている友達に]	
2	[ほかの人との約束を破られて、怒っている友達に]	
3	[テストの結果が気になり、不安な様子の友達に]	
4	[大切なものをなくしてしまって、悲しんでいる友達に]	

「その気持ちわかるよ!!」ロールプレイシナリオ

場面① [攻撃的な言い方] （いばった言い方・相手を傷つける言い方）
生徒E：（困った表情で立っている）
生徒A：どうしたの？
生徒E：うん。家の鍵をなくしてしまって…
生徒A：うん！本当！何やってるんだよ。そんなに大事なものをなくして……！
生徒E：…

場面② [非主張的な言い方] （おどおどした言い方・気持ちを抑える言い方）
生徒E：（困った表情で立っている）
生徒B：…どうしたの？
生徒E：困ったなぁ。家の鍵をなくしてしまったんだ。
生徒B：…（黙って横を通り過ぎようとする）
生徒E：困ったな…（ちらっと顔を見るだけ）
生徒B：…

場面③ [気持ちと言葉が合っていない言い方] （誤解されやすい・気持ちが伝わらない）
生徒E：（困った表情で立っている）
生徒C：あれ、どうしたの？
生徒E：困ったなぁ。家の鍵をなくしてしまったんだ。
生徒C：（無表情で）そうなんだ。それは大変だね。早く見つかるといいね。
生徒E：…

場面④ [主張的な言い方] （さわやかな言い方・自分も相手も大切にした言い方）
生徒E：（困った表情で立っている）
生徒D：あれ、どうしたの？
生徒E：困ったなぁ。家の鍵をなくしてしまったんだ。
生徒D：（心配した表情で）そうなんだ。それは大変だね。早く見つかるといいね。
生徒E：…

「その気持ちわかるよ!」振り返りシート

年　組　氏名

◇相手の気持ちをわかって働きかけることができましたか？
同じグループの人に、表の中に◎・○を書き入れてもらいましょう。
※よくできたところは◎、だいたいできたところは○。

	◎ ○	
1 相手の表情をよく見る		
2 相手の気持ちを考える		
3 自分の気持ちを言葉で表す		
4 自分の気持ちを表情で表す		

◇相手の気持ちをわかって働きかけるには、どうすればよいかわかりましたか？
あてはまるところに○をつけましょう。

よくわかった（　）　だいたいわかった（　）　あまりわからなかった（　）　わからなかった（　）

◇今日の授業で、感じたことや思ったことを書きましょう！

振り返ってみよう
（事前アンケート）

年　組　氏名

あなたは、これまでの中学校生活の中で、クラスの人や友達・先輩・後輩に何かをお願いされたり、誘われたりして、ほんとうは、断りたいのに断りにくかったという経験はありませんか？

だれから？

いつ？

何をお願いされた（誘われた）？

そのときどう答えた？

そのときには、どんな気持ちになりましたか？
下のふきだしの中に書いてみましょう！

第4章 ソーシャルスキル教育の14の基本スキル

「上手な断り方」ロールプレイシナリオ

用事があり急いでいるときに、帰りに街で遊ぼうと誘われ断る場面

パターンⅠ「攻撃的な言い方」（いばった・きつい言い方）

- 生徒A：（急いで帰ろうとしている）
- 生徒B：（離れたところから近づいてくる）［おーい］
- 生徒A：［なに？］
- 生徒B：［今日、帰りに街で遊んで帰らない？］
- 生徒A：［あー、うるさいなー、いま、忙しいんだよ。見てわからない？］（怒った様子）
- 生徒B：［わかった！もう絶対誘わないよ！］（走っていく）

パターンⅡ「非主張的な言い方」（おどおどした・もじもじした言い方）

- 生徒A：（急いで帰ろうとしている）
- 生徒B：（離れたところから近づいてくる）［おーい］
- 生徒A：［なに？］
- 生徒B：［今日、帰りに街で遊んで帰らない？］
- 生徒A：［う、うーーーーん。でも．．．］
- 生徒B：［なに？］
- 生徒A：［あのーーー］
- 生徒B：［ダメなの？はっきり言って！］
- 生徒A：［えっ、いいよ．．．］（がくっとなだれる）

パターンⅢ「主張的な言い方」（すっきりした・はっきりした言い方）

- 生徒A：（急いで帰ろうとしている）
- 生徒B：（離れたところから近づいてくる）［おーい］
- 生徒A：［なに？］
- 生徒B：［今日、帰りに街で遊んで帰らない？］
- 生徒A：［ごめん、行きたいけど、いまから用事があるから、行けないよ。また、今度誘ってね］
- 生徒B：［そうなんだ。それじゃ、また今度ね。ばいばい］
- 生徒A：［ばいばい］（笑顔で）

「上手な断り方」宿題シート

年　組　氏名

☆ 「気がついたこと」と「チャレンジ」を記録してみよう！

気づき　「上手な断り方」のコツ（ポイント）を思い出して、上手な断り方をしている人を見つけて下の表にその様子を記録しましょう。

	いつ？	だれが？	だれから何を？	特に上手だったところ	そのときの相手の様子
例	10月2日 放課後	友達が	ほかの友達の遊びの誘いを	「今度の日曜日はどう？」とほかの案を提案していた。	残念そうだけど、日曜日と言われてうれしそうだった。
1					
2					

チャレンジ　「上手な断り方」のコツ（ポイント）を思い出して、自分が上手な断り方ができたら、そのときの様子を下の表に記録しましょう。

	いつ？	どこで？	だれから何を？	特に気をつけたこと	そのときの相手の様子	そのときの気持ちや感じたこと
例	9月28日 昼休み	教室で	友達からサッカーに誘われた。	「用事があるから、今日はできないんだ。また明日誘って」と言った。	残念そうだったけど「じゃあ明日ね」と笑顔で言ってくれた。	前は、はっきり言えなかったから、言えてすっきりした。
1						
2						

☆ 上手な断り方をやってみてどうでしたか？　感想を書いてください！

「上手な頼み方」ロールプレイシナリオ

ノートを貸してほしいと頼む場面

パターンⅠ [攻撃的な言い方] (いばった・きつい言い方)

生徒B:（席に座って本を読んでいる）
生徒A:（近づいてきて）「おい、お前え昨日のノート貸せよ」
生徒B:「え？」
生徒A:「昨日のノートだよ」
生徒B:「なんでだよ。いやだよ」
生徒A:「なにー。貸してくれてもいいだろうが。けち」

パターンⅡ [非主張的な言い方] (おどおどした・もじもじした言い方)

生徒B:（席に座って本を読んでいる）
生徒A:（近づいてきて）「あのー」
生徒B:「え？」
生徒A:「えっと…」
生徒B:「何？」
生徒A:（下を向いてもじもじして）「昨日休んだから…」
生徒B:「休んだから何？」
生徒A:「ノートを…」（小さい声）
生徒B:「ノートを？」
生徒A:「もう、はっきり言ってよ」
生徒B:「いや、いいです」

パターンⅢ [主張的な言い方] (すっきりした・はっきりした言い方)

生徒B:（席に座って本を読んでいる）
生徒A:（近づいてきて）「Bさん」
生徒B:「え？」
生徒A:「ちょっとお願いがあるんだけど」
生徒B:「何」
生徒A:「私、昨日、風邪で休んだんだけど、ノートを貸してもらえないかな、貸してもらえるとうれしいんだけど」
生徒B:「うんわかった。いいよー」
生徒A:「ありがとう。すぐに返すね」

「上手な頼み方」宿題シート

年　　組　　氏名

☆「気がついたこと」と「チャレンジ」を記録してみよう！

気づき　[「上手な頼み方」のコツ（ポイント）を思い出して、上手な頼み方をしている人を見つけて下の表にその様子を記録しよう。

いつ？	だれが？	だれから何を？	特に上手だったところ	そのときの相手の様子
例 7月3日 昼休み	休んだ友達が	ほかの人にノートを貸してほしいとお願いしていた。	「見せてくれてほんと助かるよ。もし、休んだときには言ってね。今度は、私が見せてあげるからね」と言っていたところ。	笑顔で「休んだらお願いね」と話していた。
1				
2				

チャレンジ　[「上手な頼み方」のコツ（ポイント）を思い出して、自分が上手な頼み方ができたら、そのときの様子を下の表に記録しましょう。

いつ？	どこで？	だれから何を？	特に気をつけたこと	そのときの相手の様子	そのときの気持ちや感じたこと
例 7月4日 昼休み	教室で	友達に係の仕事を手伝ってほしいとお願いした。	「〇〇君、次の時間のプリントが多いから、配るのを手伝ってもらえないかな？手伝ってもらえた助かるんだけど」、助かるんだけど」	「いいよー」と笑顔で手伝ってくれた。	これまでなかなか手伝ってほしいと言えなかったから、勇気を出して言ってみてよかった。
1					
2					
3					

☆「上手な頼み方」をやってみてどうでしたか？　感想を書いてください！

「気持ちのコントロール」ワークシート

年　組　氏名 ［　　　　　］

◇あなたはどのように気持ちをコントロールしますか？

場面（状況）	あなたの対処法
1　友達から嫌なことをされたとき	
2　自分が悪くないのに文句を言われたとき	
3　自分の大切なものを壊されたとき	
4　約束を破られたとき	

「気持ちのコントロール」振り返りシート

年　組　氏名 ［　　　　　］

◇4つのコントロール法がわかりましたか？
※よくわかったら◎，だいたいわかったら○。

	◎ ○
1　深呼吸	
2　カウントダウン	
3　自己会話	
4　心地よいイメージ	

◇今日の授業で，感じたことや思ったことを書きましょう！

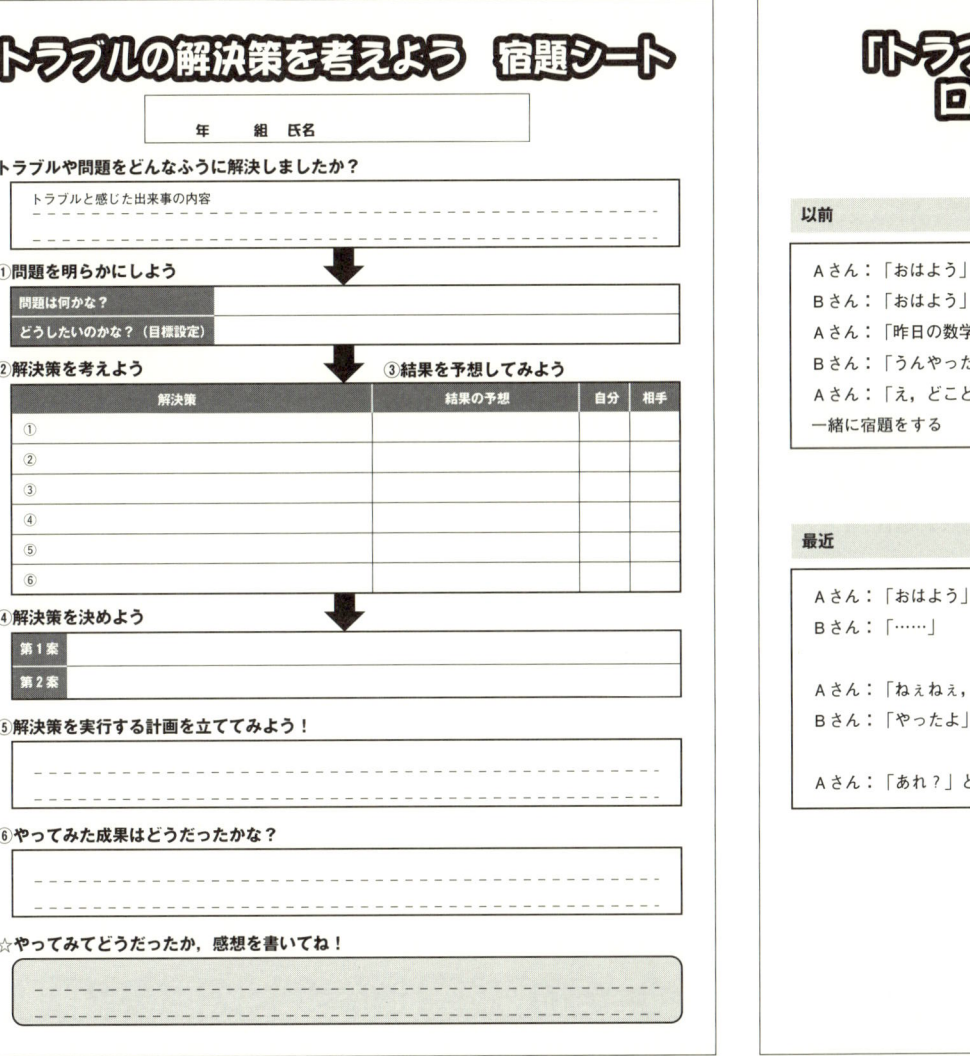

「トラブルの解決策を考えよう」ロールプレイシナリオ

以前

Aさん：「おはよう」
Bさん：「おはよう」
Aさん：「昨日の数学の宿題やった？」
Bさん：「うんやったんだけど、わからないところがあったよー」
Aさん：「え、どこどこ？ 私もあったよー」
一緒に宿題をする

最近

Aさん：「おはよう」
Bさん：「……」
Aさん：「ねえねえ、Bさん、昨日の宿題やった？」
Bさん：「やったよ」
Aさん：「あれ？」と困ったような表情でうなだれる

トラブルの解決策を考えよう 宿題シート

年　組　氏名

トラブルや問題をどんなふうに解決しましたか？

トラブルと感じた出来事の内容

① 問題を明らかにしよう
　問題は何かな？
　どうしたいのかな？（目標設定）

② 解決策を考えよう
　解決策
　①
　②
　③
　④
　⑤
　⑥

③ 結果を予想してみよう
　結果の予想　自分／相手

④ 解決策を決めよう
　第1案
　第2案

⑤ 解決策を実行する計画を立ててみよう！

⑥ やってみた成果はどうだったかな？

☆やってみてどうだったか、感想を書いてね！

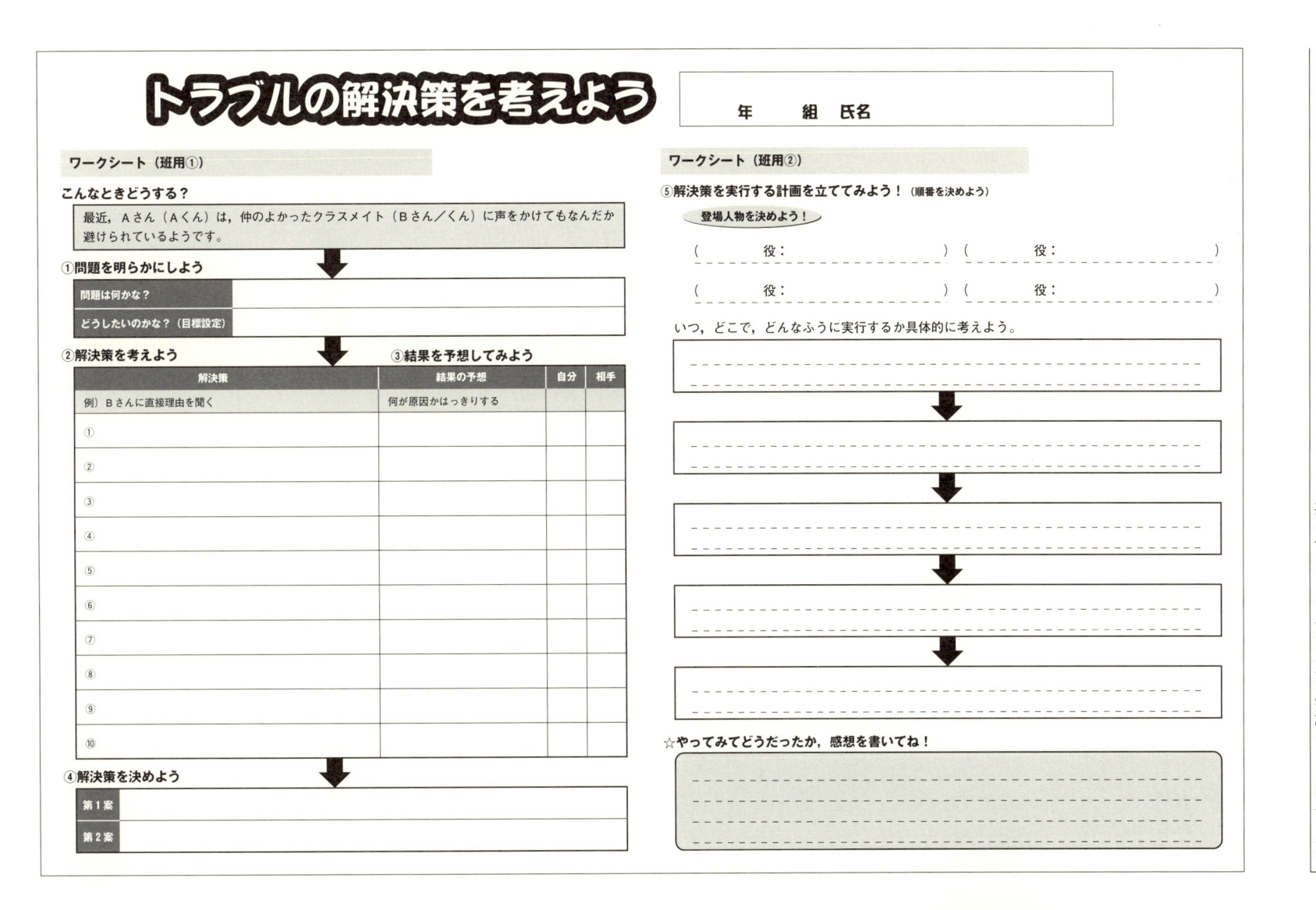

第4章 ソーシャルスキル教育の14の基本スキル

トラブルの解決策を考えよう

ワークシート（活用①）

年　組　氏名

こんなときどうする？

最近、Aさん（Aくん）は、仲のよかったクラスメイト（Bさん/くん）に声をかけてもなんだか避けられているようです。

① 問題を明らかにしよう
- 問題は何かな？
- どうしたいのかな？（目標設定）

② 解決策を考えよう

解決策	
例：Bさんに直接理由を聞く	
①	
②	
③	
④	
⑤	
⑥	
⑦	
⑧	
⑨	
⑩	

③ 結果を予想してみよう

	結果の予想		
	何が原因かはっきりする	自分	相手

④ 解決策を決めよう

第1案	
第2案	

ワークシート（活用②）

⑤ 解決策を実行する計画を立ててみよう！（順番を決めよう）

登場人物を決めよう！

(　　　)　役：
(　　　)　役：
(　　　)　役：
(　　　)　役：

いつ、どこで、どんなふうに実行するか具体的に考えよう。

□ → □ → □ → □ → □

☆やってみてどうだったか、感想を書いてね！

□

本書で使用した尺度　2

自尊感情尺度

以下のそれぞれの文章について,「はい」または「いいえ」で答えて下さい。

1	あなたは,自分が価値ある人間だと信じていますか	はい・いいえ
2	自分の知っている人々が,いつかはあなたを尊敬の目で見る日が来ると信じていますか	はい・いいえ
3	あなたは,自分の失敗は自分のせいだと感じることがありますか	はい・いいえ
4	あなたは,自分について落胆するあまり,何が一体価値のあるものだろうかと疑いをおぼえることがありますか	はい・いいえ
5	あなたは,自己嫌悪(自分で自分が嫌になること)がありますか	はい・いいえ
6	一般に,あなたは自分のいろいろの能力について,自信を持っていますか	はい・いいえ
7	あなたは,自分にはうまくやれることなど全然ないといった気持ちになることがありますか	はい・いいえ
8	あなたは,自分がほかの人とどのくらいやっていけるかについて気になりますか	はい・いいえ
9	あなたは,あなたの仕事ぶりや成績を審査する立場にある人の批評を気にしますか	はい・いいえ
10	あなたは,ほかの人がすでに集まって話し合っている部屋に一人で入っていくような場合,気がねや不安をおぼえますか	はい・いいえ
11	あなたは,人前を気にしたり,恥ずかしがったりしますか	はい・いいえ
12	あなたは,クラスや自分と同年代の人たちのグループの前でしゃべらなければならないとき,心配したり不安に思ったりしますか	はい・いいえ
13	ほかの人たちが見ているところで,ゲームやスポーツをやっていて,それにぜひ勝とうと思っている場合,あなたは,たいてい取り乱したり,あがったりしますか	はい・いいえ
14	ほかの人からあなたが優等生と見られているか,あるいは劣等生と見られているかということをあなたは気になりますか	はい・いいえ
15	人と一緒にいる時,あなたはどんなことを話題にしたらよいかについて,困りますか	はい・いいえ
16	とんでもないミスや大失敗をしでかした場合,あなたはそのことを気にしますか	はい・いいえ
17	ほかの人があなたと一緒にいることを好んでいるかどうかについて,あなたは気になりますか	はい・いいえ
18	あなたは,恥ずかしくてどうにもならないと思うことがありますか	はい・いいえ
19	あなたの友だちや知り合いの中にあなたのことをよく思っていない人がいるかもしれないと考えるとき,あなたはそのことを気にしますか	はい・いいえ
20	ほかの人があなたのことをどのように考えているかということが,あなたは気になりますか	はい・いいえ

小塩真司「青年の自己愛傾向と自尊感情,友人関係のあり方との関連」『教育心理学研究』46(3),1998年,280-290頁より転載

※教示文については,中学生向けにわかりやすく表現を変更した。
※各項目の得点や算出方法については,原典を参照のこと。

Part 3

中学生への
ソーシャルスキル教育の実践

第5章 担任教師とのコミュニケーションが苦手な生徒に対するソーシャルスキル教育

荒木幸一

1年生（抽出生徒）　昼休み　全4回

1 なぜ本実践にソーシャルスキル教育で迫ったか

　教室で生徒の教師へのかかわりの様子を見ていると，積極的にかかわろうとしている生徒，積極的な生徒と行動は共にしているものの黙ってやりとりを聞いている生徒，かかわりたいと望んではいるが行動に移せない生徒などが観察される。なかには，教師とのかかわりを望んでいない生徒もいるであろう。

　これらの中で日常的に教師からのサポートを得やすいのは，教師とかかわろうとしている生徒たち，つまりは教師との関係を円滑に営むためのスキルを備えていると思われる生徒たちである。

　そこで本実践では，教師とかかわりたいと望んではいるが行動に移せない生徒を事前調査によって抽出し，その生徒たちに自発的な教師とのコミュニケーションスキルを獲得させるため，ソーシャルスキル教育（以下，SSE）を実施することとした。

2 本実践のねらい・標的スキルを選んだ根拠

　本実践では，「教師とかかわりたいと望んではいるが，行動に移せない子ども」を対象（以下，対象生徒）に，担任教師とコミュニケーションするSSEを実施し，その効果性について検討することをねらいとしている。

　本実践を行うにあたっては，生徒および担任教師に対する事前のアンケート調査，聞き取り調査から対象生徒の実態を把握し，教師とのコミュニケーション形成に必要な3つのソーシャルスキルを標的スキルとして選んだ。

まず第1のスキルは，積極的な働きかけである。教師とのコミュニケーションを能動的に開始するためには，要求，誘いといった言語的な働きかけが重要である。

第2のスキルは話しかけるタイミングである。教師の様子を見て適切な働きかけを開始すれば，教師から好意的な反応がもたらされる。

第3のスキルは適切な応答である。教師からの働きかけに対して好意的な応答を示すことは，教師の働きかけを増加させ，持続的なコミュニケーションへと発展しやすい環境をつくる。

❸ 全体計画と考え方　全4回

	内容	時間	領域	
1回	先生って君たちを待ってるんだよ	20分	昼休み	
2回	気持ちのよいあいさつをしよう	35分	昼休み	
3回	先生に質問をしよう	40分	放課後	展開アリ!
4回	先生と上手に話を続けよう	40分	放課後	展開アリ!

第1回で，対象生徒に標的スキルを理解させるための話し合い場面を設定した。ここでは，スキルを獲得した場合に得られるポジティブな結果について考えさせることで，SSEへの動機づけを高めることをねらいとした。第2回では「気持ちのよいあいさつ」をテーマに基本的なスキルの獲得をねらったエクササイズを，第3～4回では，標的とする「教師とのコミュニケーションスキル」の獲得をめざしたエクササイズを設定することで全体を構成した。

第3回の展開

標的スキル 話しかけるタイミング

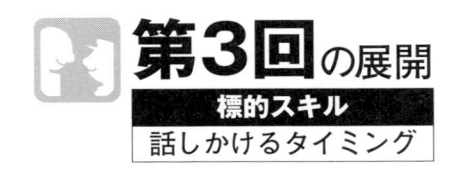

先生に質問をしよう

> 先生，お仕事中すみません　わからない問題があったので教えてほしいのですが…

● 本時のねらい

　ここでは，職員室にいる教師に質問をする場面を想定したSSEを実施し，教師の様子を見て適切に働きかけを開始するスキルの獲得をめざす。

　前時までのSSEでアイコンタクトや声量，表情といった基本のスキルについてはほぼ獲得がみられた。これらに加えて，教師の状態（例えば，だれかと会話中であったり，仕事をしたりしている最中かもしれない）を見計らって，質問（「～を教えてください」）や要求（「～をしてもらえませんか」）といった適切な働きかけを開始すれば，さらに教師から好意的な反応がもたらされるということへの気づきを引き出したい。

● 準備物

・宿題シート（P.100参照）

● 実践の様子と結果

　本実践は2名の指導者によって男女別に実施した。対象生徒は1年生男子4名，女子6名である。なお，今回のSSEのモデル的役割として，また，スキルの定着化を図るため，対象生徒とともにSSEに参加する同じクラスの仲間（モデル生徒）を数名選択した（仲間媒介法）。選択にあたっては，教師とのコミュニケーションがうまくでき対象生徒と同性であること，対象生徒と比較的同グループで行動している生徒であることを条件として担任教師に抽出を依頼し，男子生徒2名，女子生徒3名にモデル生徒として加わってもらった。

　初めに前時の確認をした後，本時のねらいを説明し，2名の指導者が不適切な働きかけの場面をロールプレイした。観察をもとに，働きかけのまずい点や改善点について話し合わせることで本時のねらいに迫った。その後，教師の様子を見計らって働きかけるエクササイズを生徒一人一人に行わせ，生徒，指導者によってフィードバックおよび強化（賞賛）を与えることで，対象生徒全員が標的スキルを適切に使えるようになった。

第5章　担任教師とのコミュニケーションが苦手な生徒に対するソーシャルスキル教育

	学習活動と生徒の様子（○：教師，◆：生徒）	ポイントと留意点
導入	（1）あいさつをし，本時のねらいについて説明を聞く。 ○「目を見て，しかも大きな声であいさつができていたね。表情もにこっとしていたから，とても気持ちよかった」 ○「今日は，職員室にいる先生に質問や相談をする練習をしよう」	・一人一人とあいさつする。その際，基本スキル（アイコンタクト，あいさつの声量，表情）について評価する。
展開	（2）生徒役の指導者による不適切な働きかけ場面のロールプレイを観察し，どこがまずかったかについて発表する。 ○「いまのロールプレイを見て，感じたことを発表しよう」 ◆最初は発表ができず，もじもじした態度がみられたが，モデル生徒の発表につられて手があがりだす。 ◆「先生が仕事をしているのに，それにおかまいなく話しかけていた」「先生が怒っているように見えた」 （3）発表をもとに，どのように話しかければよいのかについて考える。 ○「どのように話しかければよかったのだろうか」 ◆「先生も忙しいのだから，様子を見て話しかけるべきだ」 （4）全員の前で1人ずつ適切な働きかけについてのロールプレイを行う。 ◆「先生，少しよろしいですか。数学でわからない問題があったので教えてほしいのですが……」 ○「積極的に質問に来てくれると先生もうれしいよ」 ◆教師が仕事中のペンを置いたところを見計らって，「先生，お仕事中すみません。悩みがあって……，相談にのってもらえませんか」 ○「仕事中だってかまわない。君の悩みの解決のほうが先だよ」	・指導者2名で教師役と生徒役をし，職員室で忙しく仕事をしている教師に，生徒が相手の状態を考えずに不適切な働きかけをする場面をモデリングする。 ・ロールプレイの観察をもとに，話しかけるタイミングの大事さに気づかせる。 ・指導者が教師役をする。1人がロールプレイを行うたびに，生徒，指導者からフィードバックおよび強化（賞賛）を与える。その際，教師役は，生徒の適切な働きかけに対し，好意的な印象をもったことを伝える。
まとめ	（5）本時の感想を発表し，課題と次時の内容を知る。 ○「今日の学習で感じたことを発表しよう」 ◆「タイミングをみて話しかけることの大事さがわかった」 「様子をみて話しかけたら，先生が真剣に応じてくれた」 ○「学習したことを，君たちの先生に対して使ってみよう。いつ，どのような場面でスキルを使用できたのかについて課題プリントに記入しよう。学習したスキルを発揮できれば，きっと先生は気軽に君たちの質問に答えてくれたり，相談にのってくれたりすると思うよ」	・本時のロールプレイで習得したスキルを日常場面で使用するよう促す。使用場面を宿題シートに記させるとともに，その際の相手（教師）の反応も3段階で評定させる。

第4回の展開
標的スキル 適切な応答

先生と上手に話を続けよう

● 本時のねらい

　前時に引き続き職員室にいる教師に質問や要求をする場面を想定したSSEを実施し，適切な働きかけによって開始されたコミュニケーション活動を，持続的な相互作用へと発展させるスキルの獲得をめざす。

　ここでは，前回までに獲得した，教師の様子を見計らって働きかけを開始するスキルや，質問・要求といったスキルに加えて，適切な応答反応に重点をおいたエクササイズを準備した。さらに，自らの働きかけに対して教師がどう反応したかを読み取らせることで，スキルの使用が適切であったかどうかを監視する機能も高めていきたいと考えた。

● 準備物

・宿題シート（P.100参照）

● 実践の様子と結果

　対象生徒，モデル生徒，指導者は第3回と同様である。

　まず，前時に学習した，教師の様子を見計らって働きかけを開始するスキルを確認した後，本時のねらいを説明し，2名の指導者が不適切な応答場面をロールプレイした。ロールプレイを観察した生徒に応答のまずい点や改善点について考えさせ，どうすれば教師とのコミュニケーションが持続的なものになるのか気づかせることで本時のねらいに迫った。

　発表をもとに，好意的な返事や相づちといった応答スキル，質問や要求といったコミュニケーションを持続させるスキルを織り交ぜたエクササイズを生徒一人一人に行わせた。エクササイズに対して生徒，指導者からフィードバックおよび強化（賞賛）を与えることで，対象生徒全員が標的スキルを適切に使えるようになった。最後に，これまでの学習で獲得したスキルを日常場面で積極的に使用するよう奨励して終えた。

第5章　担任教師とのコミュニケーションが苦手な生徒に対するソーシャルスキル教育

	学習活動と生徒の様子（○：教師，◆：生徒）	ポイントと留意点
導入	（1）あいさつをし，本時のねらいについて説明を聞く。 ○「目を見て，大きな声であいさつができてきたね。表情もとても豊かになってきた」 ○「今日は前回と同じく，職員室にいる先生に質問や相談をする練習をしよう。ただし，できるだけ先生との話が長く続くよう工夫しよう」	・一人一人とあいさつする。その際，基本スキル（アイコンタクト，あいさつの声量，表情）の定着度を確認する。
展開	（2）生徒役の指導者による不適切な要求，応答場面のロールプレイを観察し，どこがまずかったかを発表する。 ○「いまのロールプレイを見て，感じたことを発表しよう」 ◆「仕事をしている先生の様子をみて話しかけてはいたが，自分の要求だけを一方的にしゃべっていた」「先生が教えてくれているのに返事もせず，ただ突っ立っていた」 （3）発表をもとに，どのように質問や要求をしたり，応答したりすればよいのかについて考える。 ○「どのように要求したり，応答したりすればよかったのだろうか」 ◆「一方的にしゃべらず，要求したら返事を待つ」「先生の言ったことが理解できたら，理解できたことを言葉で伝える。わからなかったら，それを伝える」「先生の目を見てしっかりと返事をする」 （4）全員の前で1人ずつ適切な質問や要求，応答の仕方についてのエクササイズを行う。 ◆「先生，数学を教えてほしいのですが……」「あ，そうやって解くんですね。次の問題も同じですか」「わかりました。ありがとうございました」 ○「返事がしっかり返ってくるので，教えていて気持ちがよかった」 ◆「先生，相談にのってもらえませんか」「話を聞いてもらって，すっきりしました」 ○「悩んだときは，いつでもいいから相談に来なさい」	・指導者2名で教師役と生徒役をし，要求の仕方が一方的だったり，応答反応が乏しかったりする生徒に教師が困惑しながら応じている場面をロールプレイする。 ・ロールプレイの観察をもとに，好意的な返事や相づちが，持続的なコミュニケーションへと発展しやすい環境をつくることに気づかせる。 ・指導者が教師役をする。1人がロールプレイを行うたびに，生徒，指導者からフィードバックと強化（賞賛）を与える。その際教師役は，生徒の適切な応答反応に好意的な印象をもったことを伝える。
まとめ	（5）これまでの学習を振り返り，感想を発表する。 ○「これまでの学習で感じたことを発表しよう」 ◆「先生に話しかける自信がついた」「先生も自分たちが話しかけてくるのを待っているんだなと思った」 ○「学習したことを使えば，君たちの先生は質問にもていねいに答えてくれるし，相談にも気軽にのってくれると思う。自信をもって先生にどんどん話しかけていこう」	・これまでに習得したスキルを日常場面で使用するよう促す。1週間後に学習したスキルの使用度を確認することを予告し，終了する。

Part 3　中学生へのソーシャルスキル教育の実践

実践の結果

❶ 評定結果の比較と振り返り

グラフ1・2は，SSE実践前，実践終了1週間後，実践終了3か月後における教師への働きかけスキルの自己評定と，教師による評定の結果である（使用した評定尺度は，P.102～103参照）。結果を比較するため，対象生徒と同数（男子4名，女子6名）のSSEを実施していない，任意に抽出した一般生徒にも同時期に評定を実施している。

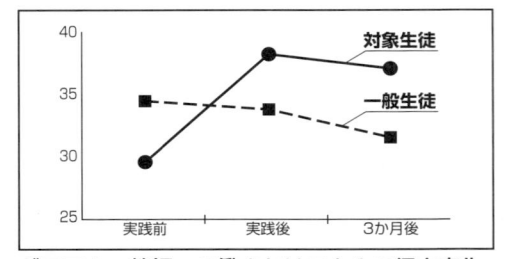

グラフ1　教師への働きかけスキルの得点変化 (自己) 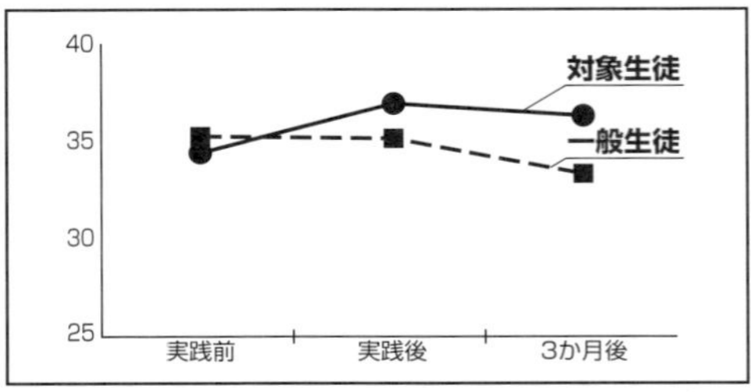　　**グラフ2　教師への働きかけスキルの得点変化** (教師)

結果を見てみると，自己，教師の両評定において，実践前に比べて実践終了1週間後の得点の上昇がみられる。一般生徒と比較しても一目瞭然である。これは，今回の指導法によるSSEが，教師とのコミュニケーションスキルの確立に有効に機能したことを示している。また，3か月後にも評定を実施すると，対象生徒の得点に大きな下降はみられず，コミュニケーションスキルの定着化が確認できた。

❷ 実践で留意した点と振り返り

今回のSSEでは，全4回の実践に加え，教師への働きかけが積極的な生徒をモデル生徒として参加させ，スキルの日常場面での使用をねらった課題を対象生徒とともに行わせることでコミュニケーションスキルの定着化を図った。課題の内容は，どのような場面で獲得したスキルを使用したか，その際の教師の反応はどうであったかである。宿題シートを確認してみると，生徒が読み取った教師の応答反応の平均点数は1.9（いつもと変わらない：1点，いつもより反応がよい：2点，すごく反応がよい：3点）であった。このことは，自

発的で適切な働きかけによって，教師から好意的なフィードバックがもたらされることを生徒自身がモニタリングした結果と考えられる。このような環境や課題を設定したことが，自発的なスキル使用の自信につながり，それがスキルの定着を促進させたものと考える。

ところで，今回の実践では，SSEの効果が対象生徒のサポート期待（岡安・嶋田・坂野，1993。P.104～105参照）やストレス反応（岡安・嶋田・坂野，1992。P.101参照）に及ぼす影響についても調べている。グラフ3・4にその評定結果を示す。

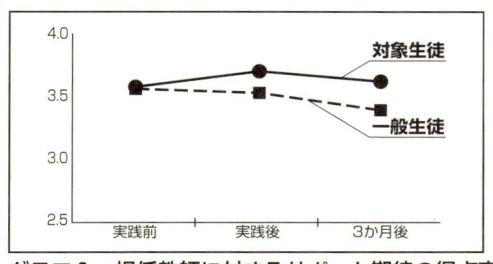

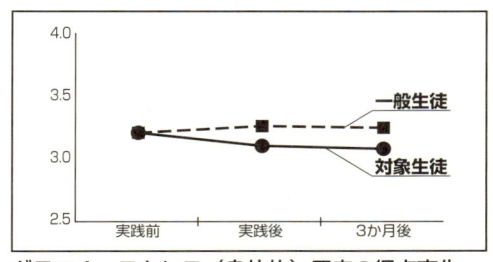

グラフ3　担任教師に対するサポート期待の得点変化　　グラフ4　ストレス（身体的）反応の得点変化

実践前に比べて，実践終了1週間後，実践終了3か月後は担任教師に対するサポート期待得点の上昇がみられると同時に，ストレス反応が軽減するといった結果が得られている。このことは，今回のSSEで獲得された教師への働きかけに対する自信が，ストレスフルな出来事への解決可能性（サポート期待）を高め，それが学校で起こるさまざまな出来事に対する脅威性や嫌悪性の評価の低減に作用し，その結果，ストレス反応の軽減につながったものと考えることができるのではないだろうか。

❸ 今後の課題

今回の実践では，教師とのコミュニケーションスキルの改善をねらいとしたSSEを実施したが，仲間関係につまずきをもつ中学生への介入も大きな課題である。

引用・参考文献

・岡安孝弘・嶋田洋徳・坂野雄二「中学生におけるソーシャル・サポートの学校ストレス軽減効果」『教育心理学研究』41（3），1993年，302-312頁。

・岡安孝弘・嶋田洋徳・坂野雄二「中学生用ストレス反応尺度作成の試み」『早稲田大学人間科学研究』5（1），1992年，23-29頁。

・佐藤正二「子どもの社会的スキル・トレーニング」相川充・津村俊充（編）『社会的スキルと対人関係』誠信書房，1996年。

宿題シート

年　　　組　　　氏名

1　今日の学習で気づいたことをまとめよう。

2　学習したスキルを実際に使ってみよう（いつ，どんな場面で，どんなふうに）。その際，どのようなスキルを使ったかについてまとめよう。

例）	昼休み時間に教室にいた先生に，理科の問題でわからなかったところを質問した（話しかけるタイミングに気をつけて話しかけた）。
①	
②	
③	
④	
⑤	

3　スキルを実際に使ったとき，先生はどんな反応をしましたか。あてはまる点数に丸をつけましょう。

①	1点：いつもと変わらない　　2点：いつもより反応がよい　　3点：すごく反応がよい
②	1点：いつもと変わらない　　2点：いつもより反応がよい　　3点：すごく反応がよい
③	1点：いつもと変わらない　　2点：いつもより反応がよい　　3点：すごく反応がよい
④	1点：いつもと変わらない　　2点：いつもより反応がよい　　3点：すごく反応がよい
⑤	1点：いつもと変わらない　　2点：いつもより反応がよい　　3点：すごく反応がよい

本書で使用した尺度　3

中学生用ストレス反応尺度

　ここでは，最近のあなたの気持ちや体のようすについてうかがいます。下の文章をよく読んで，全くあてはまらない場合は0に，少しあてはまる場合には1に，かなりあてはまる場合には2に，非常にあてはまる場合には3に○をつけてください。

質問番号	質問内容	0：全くあてはまらない　1：少しあてはまる　2：かなりあてはまる　3：非常にあてはまる			
1	気持ちがむしゃくしゃしている	0	1	2	3
2	みじめな気持ちだ	0	1	2	3
3	頭の回転がにぶく，考えがまとまらない	0	1	2	3
4	お腹が痛い	0	1	2	3
5	だれかに，いかりをぶつけたい	0	1	2	3
6	不安を感じる	0	1	2	3
7	何事にも自信がない	0	1	2	3
8	よく眠れない	0	1	2	3
9	いかりを感じる	0	1	2	3
10	さみしい気持ちだ	0	1	2	3
11	ひとつのことに集中することができない	0	1	2	3
12	頭が痛い	0	1	2	3
13	ふゆかいな気分だ	0	1	2	3
14	泣きたい気分だ	0	1	2	3
15	むずかしいことを考えることができない	0	1	2	3
16	食欲がない	0	1	2	3
17	腹立たしい気分だ	0	1	2	3
18	悲しい	0	1	2	3
19	根気がない	0	1	2	3
20	体がだるい	0	1	2	3
21	いらいらする	0	1	2	3
22	心が暗い	0	1	2	3
23	勉強が手につかない	0	1	2	3
24	つかれやすい	0	1	2	3

岡安孝弘・嶋田洋徳・坂野雄二「中学生用ストレス反応尺度作成の試み」『早稲田大学人間科学研究』5（1），1992年，23-29頁より転載

※集計方法：各項目の得点を加算して個人得点を算出する。得点が高いほど，ストレスを感じている状態にあるといえる。

本書で使用した尺度　4

中学生学校社会的スキル尺度

　ここでは，あなたが学校でいつもどのようにふるまっているかをうかがいます。下の文章をよく読んで，全くできない場合は0に，少しできる場合には1に，かなりできる場合には2に，非常にできる場合には3に○をつけて下さい（これは，成績と全く関係ありません。また，先生に見られることもありませんので正直に答えて下さい）。

質問番号	質問内容	0：全くできない　1：少しできる　2：かなりできる　3：非常にできる			
1	授業中に与えられた課題を，指示された時間内にやり終える	0	1	2	3
2	何か活動している時に，別の活動が入ってきたら，すぐに別の活動にうつれる	0	1	2	3
3	先生の手助けが必要な時，先生が自分のところに来るまでの時間を有効に使う	0	1	2	3
4	授業中，時間が空いた時に，席を立ったりさわいだりしない	0	1	2	3
5	与えられた課題をきちんと行う	0	1	2	3
6	先生の言葉の指示にしたがう	0	1	2	3
7	勉強道具や学校の備品をきちんとかたづける	0	1	2	3
8	先生の目を見て話を聞く	0	1	2	3
9	先生の目を見て話をする	0	1	2	3
10	机の上をきれいに整理整頓している	0	1	2	3
11	授業中，ほかの人が発表していることをよく聞いている	0	1	2	3
12	授業中課題に取り組んでいる時，先生からの助けをもらう前にまず自分でやってみようとする	0	1	2	3
13	先生に明るくあいさつをする	0	1	2	3
14	先生に何かしてもらった時，お礼を言う	0	1	2	3
15	先生にわからないことを質問する	0	1	2	3
16	友達と話をする	0	1	2	3
17	ほかの人に話しかける	0	1	2	3
18	先生に話しかける	0	1	2	3
19	多くのいろいろな仲間と話をする	0	1	2	3
20	いろいろな先生と話をする	0	1	2	3
21	仲間がしている活動にうまく加わる	0	1	2	3
22	いろいろな活動やレクリエーションに参加する	0	1	2	3
23	ユーモアのセンスがある	0	1	2	3
24	先生とおもしろい話をする	0	1	2	3
25	何かやっている時に仲間を誘う	0	1	2	3
26	自分で何かうまくできた時はうれしそうにする	0	1	2	3
27	先生と話す時，笑みを浮かべて話をする	0	1	2	3
28	先生の話を聞くとき，うなずきながら聞く	0	1	2	3
29	クラスでの話し合いのときに，はっきりとした声で発言する	0	1	2	3
30	先生と話すとき，ハキハキと応答する	0	1	2	3

31	先生に自分の考えを話す	0	1	2	3
32	活動やレクリエーションをしているときにルールにしたがう	0	1	2	3
33	活動やレクリエーションをしているときに順番を待つ	0	1	2	3
34	けんかの場面でも感情をおさえる	0	1	2	3
35	先生と話したいとき，都合をみて話しかける	0	1	2	3
36	仲間と物を分かち合う	0	1	2	3
37	指示されなくても仲間と協調できる	0	1	2	3
38	何をして遊ぶか，またどんな遊び方をするかを決めるときに，仲間の考え方を受け入れる	0	1	2	3
39	仲間からけんかをうられたら，相手をせずにその場を離れる	0	1	2	3
40	仲間と対立した時には，自分の考えを変えて妥協する	0	1	2	3
41	先生と話すとき，話を合わせる	0	1	2	3
42	先生の話にあいづちをうつ	0	1	2	3
43	ほかの人から嫌な要求をされたら上手に断る	0	1	2	3
44	仲間の持ち物を使う時は許可を得てからにする	0	1	2	3
45	仲間をほめる	0	1	2	3
46	ほかの人に好意的な言葉をかける	0	1	2	3
47	仲間がうれしそうにしている時には，いっしょに喜ぶ	0	1	2	3
48	だれかが，ほかの人から不当なあつかいを受けているときには，その人を注意する	0	1	2	3
49	不公平な規則に対して，適切なやり方で疑問を唱える	0	1	2	3
50	何か嫌なことがあった時，先生にぐちをいう	0	1	2	3
51	からかわれたり，悪口を言われた時には，無視したり話題を変えたりする	0	1	2	3
52	何か困ったことや悩みがある時に先生に助けやアドバイスをもらう	0	1	2	3

※本尺度は，橋口（1996）が作成した尺度を参考に，荒木幸一が第5章の実践に合わせて作成した。
※集計方法：各項目の得点を加算して，個人得点を算出する。得点が高いほど，ソーシャルスキルが身についているといえる。
※参考文献：橋口美紀「教師評定用社会的スキル尺度の標準化に関する研究」宮崎大学大学院教育学研究科修士論文，1996年

本書で使用した尺度　5

中学生用ソーシャルサポート尺度

　以下の質問は，あなたのまわりの人たち（お父さん，お母さん，担任の先生，それ以外の先生，友達）が，どのくらいあなたの助けになってくれると感じているかを調べるものです。以下のような質問の場合に，ふだんまわりの人がどのくらいあなたの助けになってくれると感じているか，最もあてはまる数字に○をつけてください。下の回答例にならって，あなたが「ちがうと思う」と感じていれば0に，「たぶんちがうと思う」と感じていれば1に，「たぶんそうだと思う」と感じていれば2に，「きっとそうだと思う」と感じていれば3に○をつけてください。

（回答例）
あなたが病気になった時，なぐさめてくれたり，はげましてくれたりする。

	ちがうと思う	たぶんちがうと思う	たぶんそうだと思う	きっとそうだと思う
a）あなたのお父さんの場合	0	1	②	3
b）あなたのお母さんの場合	0	1	2	③
c）あなたの担任の先生の場合	0	1	②	3
d）それ以外の先生の場合	0	①	2	3
e）あなたの友達の場合	0	①	2	3

（1）あなたがテストで悪い成績をとったら，一生けんめいなぐさめてくれる。

	ちがうと思う	たぶんちがうと思う	たぶんそうだと思う	きっとそうだと思う
a）あなたのお父さんの場合	0	1	2	3
b）あなたのお母さんの場合	0	1	2	3
c）あなたの担任の先生の場合	0	1	2	3
d）それ以外の先生の場合	0	1	2	3
e）あなたの友達の場合	0	1	2	3

（2）あなたに元気がないと，すぐ気づいて，はげましてくれる。

	ちがうと思う	たぶんちがうと思う	たぶんそうだと思う	きっとそうだと思う
a）あなたのお父さんの場合	0	1	2	3
b）あなたのお母さんの場合	0	1	2	3
c）あなたの担任の先生の場合	0	1	2	3
d）それ以外の先生の場合	0	1	2	3
e）あなたの友達の場合	0	1	2	3

（3）あなたがなやみや不満をぶちまけても，いやな顔をしないで聞いてくれる。

	ちがうと思う	たぶんちがうと思う	たぶんそうだと思う	きっとそうだと思う
a）あなたのお父さんの場合	0	1	2	3
b）あなたのお母さんの場合	0	1	2	3
c）あなたの担任の先生の場合	0	1	2	3
d）それ以外の先生の場合	0	1	2	3
e）あなたの友達の場合	0	1	2	3

（4）あなたが何か失敗しても，そっと助けてくれる。

	ちがうと思う	たぶんちがうと思う	たぶんそうだと思う	きっとそうだと思う
a）あなたのお父さんの場合	0	1	2	3
b）あなたのお母さんの場合	0	1	2	3
c）あなたの担任の先生の場合	0	1	2	3
d）それ以外の先生の場合	0	1	2	3
e）あなたの友達の場合	0	1	2	3

（5）あなたがよい成績をとったり，試合に勝ったりした時，心からおめでとうといってくれる。

	ちがうと思う	たぶんちがうと思う	たぶんそうだと思う	きっとそうだと思う
a）あなたのお父さんの場合	0	1	2	3
b）あなたのお母さんの場合	0	1	2	3
c）あなたの担任の先生の場合	0	1	2	3
d）それ以外の先生の場合	0	1	2	3
e）あなたの友達の場合	0	1	2	3

（6）ふだんからあなたの気持ちをよくわかってくれる。

	ちがうと思う	たぶんちがうと思う	たぶんそうだと思う	きっとそうだと思う
a）あなたのお父さんの場合	0	1	2	3
b）あなたのお母さんの場合	0	1	2	3
c）あなたの担任の先生の場合	0	1	2	3
d）それ以外の先生の場合	0	1	2	3
e）あなたの友達の場合	0	1	2	3

（7）あなたが何かなやんでいると知ったら，どうしたらよいか教えてくれる。

	ちがうと思う	たぶんちがうと思う	たぶんそうだと思う	きっとそうだと思う
a）あなたのお父さんの場合	0	1	2	3
b）あなたのお母さんの場合	0	1	2	3
c）あなたの担任の先生の場合	0	1	2	3
d）それ以外の先生の場合	0	1	2	3
e）あなたの友達の場合	0	1	2	3

岡安孝弘・嶋田洋徳・坂野雄二「中学生におけるソーシャル・サポートの学校ストレス軽減効果」『教育心理学研究』41（3），1993年，302-312頁より転載

※集計方法：各項目の得点を加算して個人得点を算出する。得点が高いほど，周囲からサポートを得ていると感じているといえる。

第6章 ストレスの高い生徒への ソーシャルスキル教育

嶋田洋徳

1年生　総合　全3回

1 なぜ本実践にソーシャルスキル教育で迫ったか

　最近は，不登校やいじめ，反社会的行動に代表される中学生のさまざまな不適応行動が社会的に関心をもたれることが多くなってきた。このような不適応行動が生起する背景には，何らかの「ストレス」の問題が絡んでいるのではないかという指摘も数多く見受けられる（嶋田，1998）。

　特に，教育や心理の領域においては，「心理的ストレス」が問題とされるが，この心理的ストレスは，その原因となる「ストレッサー」と，ストレッサーによって引き起こされる情動的，認知的，身体的変化である「ストレス反応」に大別されることが多い。また，中学生が最も頻繁に経験し，影響が大きいストレッサーは「友人関係ストレッサー」であることが示されており，学業などのほかの種類のストレッサーよりもストレス反応の表出に及ぼす影響力が大きいことが明らかにされている（嶋田，1998）。

　したがって，中学生のさまざまな不適応行動を改善，予防するためには，ストレス反応の軽減を図ることが必要であり，そのためには，友人関係のストレッサーに具体的に対処するスキル（コーピングスキル）を身につけることの効果が大きいと考えられる。そこで，本実践では，友人関係のストレッサーに対するコーピングスキルを高めるために，ソーシャルスキル教育（以下，SSE）を行うこととした。

2 本実践のねらい・標的スキルを選んだ根拠

　小学生を対象としたSSEでは，基本的なコミュニケーションスキルが標的スキルとされ

ることが多いが，中学生の場合には，あらためて「上手な聞き方・話し方」を直接的に指導しても，動機づけが高まらないこともある。しかしながら，この基本的なコミュニケーションスキルが身についていないことに起因する友人関係のトラブルが多いのもまた事実である。そこで，本実践では，ストレス反応の軽減が期待できるソーシャルスキルを身につけることをねらい，ゲーム的要素を取り入れた展開を工夫することで，コミュニケーションスキルを標的スキルとして設定した。

❸ 全体計画と考え方　全3回

これまでに行われたSSEプログラムには，ソーシャルスキルの有用性に関する心理的教育が含まれていた。そこで，本実践では，この心理的教育の中のコミュニケーションスキルの有用性と傾聴的態度の部分を取り上げ，3つの「こころの実験」を設定した。

また，生徒の動機づけを高めるために授業全体を「実験」仕立てで構成し，実験（ロールプレイ）と振り返りを繰り返すことでソーシャルスキルの有用性が実感できるように工夫した。ベースとなる方法は，2人1組のロールプレイであり，これらを1週間に1時間，計3時間（実践前に1時間，データ測定の時間が必要）で実施した。

		内容	領域	
第1回	コミュニケーションスキルの理解	人間同士の「ノンバーバルコミュニケーション」って？	1時間（総合）	展開アリ！
第2回	コミュニケーションスキルの体験	相手の「聞いている態度」はどんな感じがする？	1時間（総合）	展開アリ！
第3回	振り返りとスキルのまとめ	上手なコミュニケーションを生活のなかで使ってみよう！	1時間（総合）	

全体の流れとしては，まずコミュニケーションスキルの概念の理解，およびそれを用いることの効果に関する心理的教育を行うことを計画した。そして，担任教師と補助者がモデルを示しながら，「心理学で用いられる『ピアカウンセリング』をやってみよう」と称して，2人1組で「カウンセラー」役と「クライエント（相談者）」役を演じることによって，生徒が具体的な体験や振り返りができるように工夫した。本実践の補助者は，大学スタッフが担当したが，実践の意図や流れについて十分な事前の打ち合わせを行えば，一般の教師やスクールカウンセラー等でも実践が可能である。必ずしも十分な経験がある必要はないが，SSEの経験のある教師であればなおよい。また，補助者をおかなくてもよい。

※ノンバーバルコミュニケーション：非言語で行われるコミュニケーションのことで振る舞いや態度のことを指す。
※ピアカウンセリング：特に専門家でない仲間同士で行われるカウンセリングのことを指す。

第1回の展開

標的スキル　非言語でのかかわり方を身につける

ノンバーバルコミュニケーション

● 本時のねらい

　ノンバーバル（非言語）コミュニケーションスキルの概念を理解し，言葉だけではなく身振りや手振り，表情などが不十分であると相手にうまく伝わらない可能性があること，自分の聞く態度が相手に知らず知らずのうちに不快な思いをさせている可能性があることを理解させることを目的とする。担任教師や補助者によるロールプレイを実際に見せるほか，生徒自身が「カウンセラー」役と「クライエント（相談者）」役になるロールプレイを行い，適切なコミュニケーションと不適切なコミュニケーションの差異を体験させる。また，次回以降に予定されている，ピアカウンセリングの具体的な進め方を理解させる。

● 準備物

・「こころの実験」の概要を示した掲示物（模造紙など）。
・話す内容を記述するための個別のワークシート（Ｂ５サイズ）。
・可能であれば，ビデオ録画，および再生装置，スクリーン，またはＴＶモニタ。

● 展開の概要

　担任教師が全般の展開の進行を務め，補助者は展開の補助にまわる。まず，担任教師と補助者が「カウンセラー」役と「クライエント」役になり，生徒の前でロールプレイを見せる。「こころの実験」は，はじめに不適切な応答の役割を演じるので，生徒の興味を引くためには，最初に担任教師が応答する側（カウンセラー）になるほうがよい。補助者を依頼できない場合には，代表の生徒１名を相手役に選んでもよい。

　また，生徒同士のロールプレイの段階では，実践の展開の中で自由な話題の準備をさせるが，うまく会話が進まないペアはそれを読んでもよいこととし，うまく話せるかどうかにはこだわらない。話題が出てこないペアのためには，事前に話題を準備しておく。なお，事前に，中学生用社会的スキル尺度（P.42参照）等のアセスメントを済ませておく。

第6章　ストレスの高い生徒へのソーシャルスキル教育

	学習活動と生徒の様子	ポイントと留意点
導入	（1）本時の目標を知る。 「今日は，日常のストレスをお互いに解消するために，ピアカウンセリングという心理学の実験をやってみます」 （2）担任教師と補助者の「こころの実験１」のやり方のロールプレイを見て，質問について考える。 「それでは，心理学実験の１つめをやってみます。考えた話題について話しますので，それを補助者が応答する様子を見て，どんなふうに見えるかを考えてください」 ・補助者が「石」になるために，担任教師が何を話しても，まったく動かない様子を見せる。	・いつもの教科の授業とは異なる自由な雰囲気をつくる。 ・発問は担任教師のほうがよい。補助者は，生徒と同じ視点に立つようにする。 ・興味を引くために，補助者は不適切な応答の様子を見せる。
展開	（3）話す話題を考えて，ワークシートに話題メモを作る。 「みなさんが友達に聞いてほしい話題を自由に考えてください。何の話でもよいです」 （4）２人１組で「こころの実験１」を行う（２分程度）。 「それでは実際にやってみます。クライエント（相談者）役の人は話を始めてください。カウンセラー役の人は『石』になってじっとしていてください。笑いもぐっとこらえてください」 （5）実験１の振り返りを行い，ワークシートに記入する。 「それでは，クライエント役で話した人は，相手のカウンセラー役の人をどう感じたか，カウンセラー役の人は石になってみてどうだったかを記入してください」 ・すごく話しにくい。　・聞いているほうもけっこう辛い。 （6）役を入れかえて，もう１度（4）（5）を繰り返す。 （7）２人１組で「こころの実験２」を行う（４分程度）。 「続きの実験２をやってみます。やることはほぼ同じですが，カウンセラー役の人は，今度は石ではなく，うなずくことだけしてかまいません。『言っていることがわかったよ（Ａ）』ということが伝わるよう，うなずきだけしてください。途中で合図したら，Ｂの意味を伝える段階になります。意味が相手に伝わるようにうなずきだけで応答してください」 「相手の話が長くなってきました。『わかったよ，そろそろやめてよ（Ｃ）』が伝わるよううなずきだけをしてください」	・話題は直接的には関係ないので何でもよいことを強調する。 ・話題がすぐにあがらない場合を考えて事前に準備してもよい。 ・生徒のロールプレイ中は，適当に巡回し，生徒に声をかける。 ・もし初めて話した人であれば嫌な性格と推測することを確認。 ・Ａを１分程度行ったら，Ｂに進み，さらに１分程度行ったら，Ｃに進む。 ・Ｂは，「話がだんだん盛り上がってきました。なるほどねと伝わるようにうなずいてください」
まとめ	（8）まとめと振り返りを行う。 「話の文節文節に軽くうなずくとＡの意味，話のまとまりで深くうなずく（軽く早くうなずく）とＢの意味，話の内容に関係なくうなずくとＣの意味になります」 「相手が思うように反応してくれないとけっこう不快な感じになりますね。相手が不快に感じてしまうと本当の性格なんてわからないのに，嫌な性格だと思われやすいですね」	・実践意図の理解に重きをおき，あまり教訓的なことに導かない。 ・人は，相手の表面的な振る舞いから内面（性格）を推測しやすいことを理解させる。

第2回の展開

標的スキル 非言語でのかかわり方を身につける

ピアカウンセリング

● 本時のねらい

　前回までに行ったノンバーバル（非言語）コミュニケーションスキルの概念の理解を深め，コミュニケーション場面に対して，実際に適切な応答を行うことができるようになることをねらいとする。冒頭に復習をかねて担任教師や補助者によるロールプレイを見せ，ゲーム性を維持しながらも，重要な点には繰り返し言及する。「ピアカウンセリング」という設定を用いて，生徒自身が「カウンセラー」役と「クライエント（相談者）」役になるロールプレイを行い，話し手や聞き手がストレスにならないように円滑にコミュニケーションを行うためには，相手の反応をよく見ることが重要であることを理解させる。

● 準備物

・「こころの実験」の概要を示した掲示物（模造紙など）。
・質問する内容を記述するための個別のワークシート（B5サイズ）。
・可能であれば，ビデオ録画，および再生装置，スクリーン，またはTVモニタ。

● 展開の概要

　前回までと同様に，モデリングとロールプレイを繰り返す。冒頭部では，前回までの復習をかねて，担任教師と補助者が生徒の前でロールプレイを見せ，前回までに学んだことを強調する。また，生徒同士のロールプレイでは，生徒があきないように適当に相手を入れかえてもよい（クラスの雰囲気によってはくじ引きでもよい）。質問を考える際には，自由に質問を考えてよい（「あなたが好きな異性はどのようなタイプですか」のような踏み込んだ質問があったほうがよい）が，相手が答えにくい様子が見られたらそれ以上の質問はしないこと，回答の内容よりも「どうしてそれが答えにくそうだとわかったのか」に焦点を当てるようにする。担任教師や補助者は，社会的に望ましい応答ばかりではなく，ストレスのないコミュニケーションのあり方を探索することを賞賛する。

第6章　ストレスの高い生徒へのソーシャルスキル教育

	学習活動と生徒の様子	ポイントと留意点
導入	（1）本時の目標を知る。 「今日は，前回の実験の続きで日常のストレスをお互いに解消するために，ピアカウンセリングをやってみます」 （2）担任教師と補助者の「こころの実験1」と「2」のおさらいのロールプレイを見て，質問について考える。 「前にやった心理学実験の1と2で，わかったことは何だったでしょうか。○○さん（補助者）は，覚えてますか？」 ・補助者の反応：「相手が話しかけても『石』のような反応だと，嫌な性格だと思いたくなる」「同じうなずきでも使い方によって相手の受けとめ方はすごく変わってしまう」	・いつもの教科の授業とは異なる自由な雰囲気をつくる。 ・発問は担任教師のほうがよい。補助者は，生徒と同じ視点に立つようにする。 ・生徒の雰囲気を見て生徒を指名して回答させてもよい。
展開	（3）「こころの実験3」に使用する質問を考えて，ワークシートに質問メモを作る。 「皆さんが友達に質問したいことを自由に考えてください。どのような質問でもよいです」 （4）2人1組で「こころの実験3」を行う（5分程度）。 「それでは実際にやってみます。カウンセラー役の人はお話や質問を始めてください。カウンセラー役の人は，前回のうなずきを使いながら，できるだけいろいろな話題に話を広げてみてください。ただし，クライエント（相談者）役の人が答えにくそうな様子が見られたら，それ以上の質問はしないようにしましょう」 （5）実験3の振り返りを行い，ワークシートに記入する。 「それでは，カウンセラー役の人はクライエント役の人のどのような様子から，答えやすいか，答えにくいかを判断しましたか。気がついただけ記入してみましょう」 ・目をそらした。　・ぼそぼそと話すようになった。 （6）役を入れかえて，もう1度（4）（5）を繰り返す。	・質問は，学校だけの話題だけではなく，プライベートな質問でもよいことにする。 ・質問がすぐにあがらない場合を考えて事前に準備してもよい。 ・抵抗感の低い質問から高い質問まで網羅されているほうがよい。 ・生徒のロールプレイ中は，適当に巡回し，生徒に声をかける。 ・最初は担任教師と補助者でロールプレイを見せる。
まとめ	（7）時間があれば，代表のペアがロールプレイをする。 ・担任教師がよかった点のみをフィードバックする。 （8）まとめと振り返りを行う。 「相手の様子から，相手の感じていることがわかれば，立派なピアカウンセラーです。さあ，答えやすそうな様子や答えにくそうな様子にはどのようなものがありましたか」 ・代表的なものは，それぞれに分けて板書する。 「言葉にしなくても，相手の様子から，相手の感じていることのだいたいがわかれば，話し上手，聞き上手になって，話すほうも聞くほうもお互いにストレスにはなりませんね。皆さんがストレスを感じたときには，こころの実験で習ったことを使ってみてください」	・生徒がどのような応答をしても，批判的なことは言わないことを強調する。 ・実践意図の理解に重きをおき，あまり教訓的なことに導かない。 ・人は，相手の表面的な振る舞いから内面（性格）を推測しやすいことをあらためて理解させる。

Part3　中学生へのソーシャルスキル教育の実践

実践の結果

❶ 効果測定の方法

2校の公立中学校1年生計7クラスの生徒合計244名を対象として効果測定を行った。2校の一方の中学校を「実践校（3学級）」、もう一方の中学校を「統制校（4学級）」として、実践校のみにSSEを実施した（統制校は、各尺度の測定のみを行った）。まず、両学校のSSE前のアセスメントを行った。その際に用いた測度は、中学生用社会的スキル尺度（嶋田、1998。P.42参照）、中学生用ストレス反応尺度（嶋田、1998。P.115参照）であった（いずれも自己評定質問紙尺度）。質問紙尺度のほかにも、ソーシャルスキルの有効性の理解度（5件法）、プログラムの楽しさの評価（5件法）を測定した。統計的検定を用いて検討した結果、SSE前の生徒のソーシャルスキルとストレス反応には、両学級間の差異はみられなかった。SSE後にも同じ尺度の測定を行い、SSE前のデータと比較することによって効果測定を行った。また、他者評定の効果測定を行うために、実践校の担任教師には、SSE前にコミュニケーションスキルが獲得されていないと思われる生徒を男女各3名（対象生徒）あげてもらうことを依頼し、SSE前後のスキルを比較した。

❷ 学校全体に対するソーシャルスキル教育の効果

まず、SSEの前後で、各校全体の平均値を用いて効果の検討を行った。その結果、実践校の生徒の「向社会的スキル」得点が、統制校の生徒に比べて向上したことが示された（図1）。それに伴ってストレス反応得点は減少している傾向が示唆されたものの、統計的検定を用いたところ有意差を確認することはできなかった。また、個々の

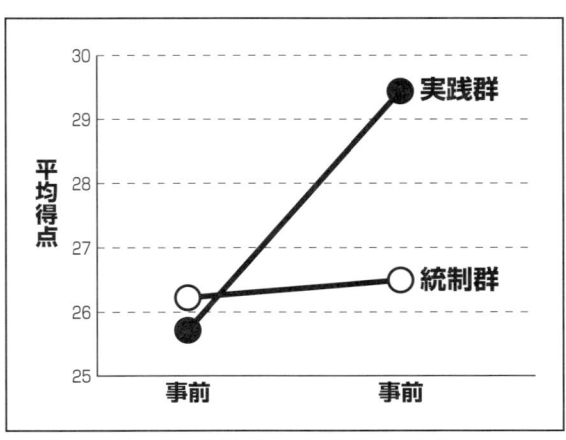

図1　向社会的スキルの変化

指標について統計的検定を行ったところ，すべての指標に有意な効果があったと結論づけることは困難であった。これは，学校全体の平均値には，実践の意図をよく理解していなかった生徒や，もともと十分なコミュニケーションスキルを獲得している（それ以上上がりようがない）生徒，もともとストレス反応を示していない（それ以上下がりようのない）生徒などが混在してしまった可能性が高く，生徒の実情に合わせて，より詳細に工夫した結果の分析をする必要があると考えられる。

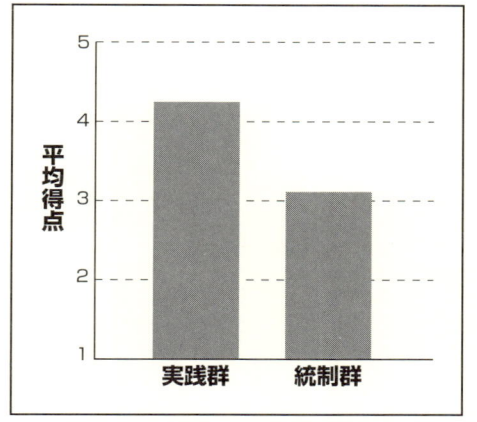

図2　有効性の理解の評価

いっぽうで，ソーシャルスキルの有効性の理解度，プログラムの楽しさの評価について，実践校と統制校（プログラムのねらいと概要のみを説明）の得点の統計的検定を行った結果，有効性の理解度（図2）と楽しさのいずれも有意に実践校が高いことが明らかにされた。また，担任教師による有効性の評価も高かったことから，本実践はSSEの導入部分としての役割は十分に果たしたと考えられる。

❸ 対象生徒に対するソーシャルスキル教育の効果

次に，より詳細な効果検討を行うために，SSE前のスキル得点が全体の平均値よりも1標準偏差低い生徒と事前にコミュニケーションスキルが獲得されていないと担任教師に選択された生徒を「対象生徒」として，学校全体と同様の分析を行った。その結果，統制校の生徒に変化がみられなかったいっぽうで，実践校の対象生徒は，SSEによって顕著に向社会的スキルが上昇し，ストレス反応が軽減したことが示された。担任教師による他者評定でも向社会的スキルの改善が確認された。これらの結果は，向社会的スキルがもともと獲得されていない生徒を対象とした場合，本実践によってコミュニケーションスキルが改善され，ストレス反応が軽減したことが確認された。また，対象生徒の報告からも「今後の役に立ちそうだ」などの肯定的な意見が多くみられた。

❹ まとめと今後の課題

本実践の結果をまとめると，一般生徒への全体的なストレス軽減効果は顕著にみられなかったものの，コミュニケーションスキルの獲得が不十分な生徒に対しては，SSEがスト

レス反応の軽減効果をもつことが示された。これは，ソーシャルスキルの獲得が不十分な個別ケースに対して介入を行った報告とも一致する結果である（嶋田，2003）。中学生にとっては，相手の振る舞い方に対する解釈（認知）の仕方がストレス反応の表出に影響を及ぼすことから，認知的側面に対する介入の組合せも有用であると考えられる。

引用・参考文献

・嶋田洋徳『小中学生の心理的ストレスと学校不適応に関する研究』風間書房，1998年。
・嶋田洋徳「集会を利用した社会的スキル訓練導入の試み」『日本行動療法学会第26回大会発表論文集』2000年，190-191頁。
・嶋田洋徳「中学生における社会的スキル訓練が心理的ストレス反応に及ぼす影響」『行動療法研究』29（1），2003年，37-48頁。

本書で使用した尺度　6

中学生用ストレス反応尺度

> 注意
> *この調査は，あなたが学校でいつもどんな「感じ方」をしているかを答えてもらうものです。
> *成績とは関係ありません。あなたがいつも思っていることを，正直に答えてください。
> *友達と相談したり，まねをしたりしないで，あなたの考えで答えてください。
> *先生の説明をよく聞いてから，答えてください。

あなたは，このごろ，次に書いてある，いろいろな気持ちや体の調子に，どのくらいあてはまりますか。いちばんよくあてはまるところに，1つだけ○をつけてください。

質問番号		ぜんぜんあてはまらない	あまりあてはまらない	すこしあてはまる	よくあてはまる
1	頭の回転がにぶく，考えがまとまらない。	1	2	3	4
2	頭が重い。	1	2	3	4
3	体から力がわいてこない。	1	2	3	4
4	頭痛がする。	1	2	3	4
5	何事にも自信がない。	1	2	3	4
6	みじめな気持ちだ。	1	2	3	4
7	ひとつのことに集中することができない。	1	2	3	4
8	気持ちがむしゃくしゃしている。	1	2	3	4
9	だれかに，いかりをぶつけたい。	1	2	3	4
10	不安を感じる。	1	2	3	4
11	体が熱っぽい。	1	2	3	4
12	体がだるい。	1	2	3	4
13	いかりを感じる。	1	2	3	4
14	さびしい気持ちだ。	1	2	3	4
15	泣きたい気分だ。	1	2	3	4
16	むずかしいことを考えることができない。	1	2	3	4
17	根気がない。	1	2	3	4
18	頭がくらくらする。	1	2	3	4
19	ふゆかいな気分だ。	1	2	3	4
20	腹立たしい気分だ。	1	2	3	4
21	いらいらする。	1	2	3	4
22	勉強が手につかない。	1	2	3	4
23	悲しい。	1	2	3	4
24	心が暗い。	1	2	3	4

嶋田洋徳『小中学生の心理的ストレスと学校不適応に関する研究』風間書房，1998年，88頁より転載

※教示文と質問番号は，本書掲載にあたって書き加えた。

※集計方法：各項目を加算して個人得点とする。得点が高いほど，ストレスを感じている状態にあるといえる。

※次の項目の得点を加算して，各下位尺度得点を算出できる。①不機嫌・怒り感情（8，9，13，19，20，21），②抑うつ・不安感情（6，10，14，15，23，24），③身体的反応（2，3，4，11，12，18），④無気力（1，5，7，16，17，22）。

第7章 適応指導教室におけるソーシャルスキル教育

渡辺弥生

全学年　適応指導教室　全4回

❶ なぜ本実践にソーシャルスキル教育で迫ったか

　適応指導教室は，不登校児童生徒の集団生活への適応，情緒の安定，基礎学力の補充，基本的生活習慣の改善のために，相談や学習指導を含む適応指導を行うことによって，学校への復帰を支援し，社会的自立に資することが目的とされている。

　不登校の生徒は，対人関係に悩みをもっている場合が少なくないが，学校に通学しないことで，ますます他人とのかかわりが減り，適切な人間関係能力を養うことが困難になる。適応指導教室に通う生徒の中には，自分の気持ちを伝えたいが，どのように自己表現すればよいかわからない，わかってはいるけれども自信がない，知識もあり行動もするが場が読めないなどのさまざまな問題をもつ生徒がいる。したがって，積極的にソーシャルスキル教育（以下，SSE）が必要であると考えられた。

❷ 本実践のねらい・標的スキルを選んだ根拠

　標的スキルは，担当カウンセラーと話し合い，対象生徒（男子1人，女子5人）の問題や特徴を考えたうえで，初めて行うので抵抗が少ないスキル（自己紹介，あいさつ）と，対人葛藤の悩みが多いのでそれに対処するのに必要なスキル（頼み方，断り方）を選んだ。

・A子（中学2年生女子）思ったことをすぐに言ってしまうので，友達を傷つけてしまう。同じことを友達にされた場合はひどく傷つく。我慢できずに自分を通す行動が目立つ。

・B子（中学1年生女子）相手のことを考えずに発言することが多く，トラブルが多い。相手も傷つけるが自分も傷つきやすい。みんなの前で発表するときはうつむいてしまう。

・C子（中学3年生女子）上級生として相手を思いやる行動をすることがある。特定の子と常に一緒にいるために，ほかの生徒が疎外感をもってしまうことがある。
・D子（中学1年生女子）自分の思ったとおりに発言するため，トラブルが多い。気分の変動が激しく，機嫌が悪いと相手が話しかけても知らん顔をすることがある。話をするときに視線が合わないことがある。
・E子（中学3年生女子）通級を始めてまもないためか，引っ込み思案の傾向が強い。特定の友達とはしゃべる。
・F男（中学2年生男子）みんなの前で話すのは苦手。話をするときはうつむきがちで，目を合わせず，声も小さい。

❸ 全体計画と考え方　全4回

	内容		時間	領域
第1回	自己紹介：自分を知ってもらおう		各50分	朝の活動時間
第2回	あいさつ：照れずにあいさつしよう	展開アリ!		
第3回	頼み方：自分の気持ちをやさしく伝えよう	展開アリ!		
第4回	断り方：相手を傷つけずに断ろう	展開アリ!		

適応指導教室の午前中の活動時間約50分間を使い，隔週で4回行った。

生徒を理解し，プログラム前後の変化を明らかにするために，以下の尺度を用いた。

①ソーシャルスキル尺度（自己評定，他者評定：石川・小林，1998），②自尊感情尺度（自己評定：小塩，1998。P.90参照），③行動評定（視線の量，表情，声の大きさ，積極性）。また，トレーニングを促進し補助となるカードや宿題シートなどを作成して活用した（本書で紹介したものは，実践後一部加筆したものを載せている）。

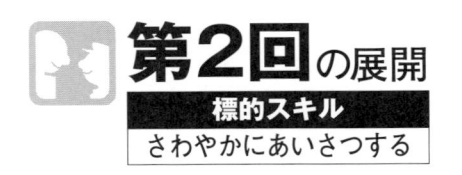

第2回の展開
標的スキル さわやかにあいさつする

照れずにあいさつ

● 本時のねらい

あいさつは，対人関係の第一歩と考えられる。コミュニケーションのいちばん簡単なものでありながら，お互いに応答し合うという最も基本的で大事な要素を含んだ行動だからである。こちらがあいさつをしたとき，相手が無視しないで笑顔で応えてくれると，気持ちが通じ合っていること，自分の存在を認めてくれていることがすぐにわかる。また，相手からあいさつされたときも，同じようにあいさつを返すことで，相手の気持ちもまた幸せなものにできることに気づく。中学生は，あいさつを大人からうるさく押しつけられるルールのようにとらえていたり，めんどうに思っていたりすることが多い。あいさつは，自分自身にも相手にも大事であることを理解させたい。

● 準備物

①あいさつの3つのポイント（①相手を見る，②大きな声，③笑顔）を書いた掲示物
②あいさつチェック
③あいさつの振り返りシート：振り返ったときに，できたという達成感が高められるようなシートにする（P.127参照）。

あいさつチェック

1	相手が友達の場合					
	相手を見る	1	2	3	4	5
	大きな声	1	2	3	4	5
	笑顔	1	2	3	4	5
2	相手が先輩の場合					
	相手を見る	1	2	3	4	5
	大きな声	1	2	3	4	5
	笑顔	1	2	3	4	5
3	相手が先生の場合					
	相手を見る	1	2	3	4	5
	大きな声	1	2	3	4	5
	笑顔	1	2	3	4	5
4	感想					

● 実践の様子と結果

人とのかかわりが苦手な生徒たちは，あらためてあいさつを練習してみて，意外にむずかしいことを認識したようである。相手が笑顔で返してくれるとうれしいのに，自分は照れてしまい相手の目を見ていなかったことを反省するなど，相互性に気づいた生徒が多かった。トレーニング終了後の不登校児対象のキャンプでは「自分からあいさつしたら，そのままその人と話ができてよかった」という，自信を高めた経験が感想文に書かれていた。

	学習活動と生徒の様子（○：教師，◆：生徒）	ポイントと留意点
導入	（1）あいさつの大切さについて考える。 ○「このあいだ自己紹介の練習をしましたね。そうやって，相手との関係が始まると，簡単にお互いにいい気持ちになれる大事なことがあるんだけど，何だかわかるかな？」 ・何人かに質問してみる。 ○「それは，あいさつです。ふだんなにげなくしているから意識してないかもしれないけど，同じあいさつでも言い方でずいぶん違うものなんですよ。どんな言い方がいいかな？」	・あいさつが大人から与えられた決まりごとではなくて，自分たちの気持ちをよくさせるものであることを気づかせる。
展開	（2）モデリング（教師のロールプレイを見る） ○「では，ちょっとやってみますから，聞いててね」 　①「おはよう!!」（元気で，大きな声） 　②「おはよう…」（おどおど小さな声） ・モデルの提示の後，どうだったか聞いてみる。 ○「ちょっと，私があいさつするから，返してね。ありがとう，いまのAさんはどこがよかった？」「そうだね，まとめると大事なのは，①相手を見る，②大きな声，③笑顔，ですね」「だけど，相手が①友達，②先輩，③先生によってもあいさつは変わってきますね。ちょっとその場合を考えてみよう」 ○「相手によって言葉づかいを変える必要はありますが，さっきの大事な3つはすべて同じですね」 （3）リハーサル（実際にやってみる） ○「3人組になってやってみましょう。相手が，①友達，②先輩，③先生の場合を順番に交代してやってね。見てる人は，①相手を見る，②大きな声，③笑顔を注意して観察してね」	・あいさつの仕方の重要性を認識させる。 ・3つのポイントを書いたものを黒板に貼る。 ・問題のある場面も含めてやってみる。 ・あいさつチェックシートを使う。 ・あいさつの内容は，自分のオリジナルでよいことを伝える。
まとめ	（4）フィードバック ○「ちょっと何人かにやってもらいましょう。あいさつをするとどんな気持ちかな？」 ◆「悪くない」「気持ちいい」 ○「みんなが笑顔であいさつをすると，あいさつをされた人もきっといい気持ちになれます」 ○「今日は，みんな気持ちのよいあいさつができたので，今日帰るときや明日朝来たときには，やってみましょう」 （5）日常生活での実践に取り組む。 ○「今日から1週間を『あいさつ週間』にします。毎日，自分が今日あいさつしたな，と思うお友達にチェックしてもらいましょう」	・言葉だけでなく，非言語的な行動が重要であることを押さえる。 ・あいさつができていたことをしっかりほめて定着につなげていく。 ・宿題シートと配布する。

第3回の展開

標的スキル　やさしく頼む

自分の気持ちをやさしく伝えよう

> ちょっと悪いんだけど，重くて1人で持てないんだ 机を運ぶの手伝ってもらえると助かる

● 本時のねらい

　適応指導教室に通う生徒たちは，自分の気持ちをうまく伝えたり，働きかけて次の展開をつくっていったりという行動が苦手である。何かお願いして断られるのが怖い，自分が傷ついてしまうのが耐えられないといったことが原因と考えられる。相手にも都合があることから，必ずしも自分の気持ちが通らないことは当然である。しかし，生徒たちは，うまく頼めないためにしばしば断られる経験をし，その結果，頼み事をすることへの抵抗が大きくなっていると考えられる。

　頼み方ひとつで，相手が聞き入れやすくなることに気づかせるとともに，自分が頼まれた場合を考えて，聞き入れてくれる相手への感謝の気持ちを表現する大切さを理解させる。

● 準備物

①頼み方カード

②頼み方の宿題シート：自分が言ったことや相手の言葉をそのまま書き込み，ポイントをチェックできるようにしたワークシート（P.127参照）。

頼み方カード

	例	自分なら
理由	先生にこの机を運ぶように頼まれたんだけど	
要求	一緒に運んでくれないかな	
結果（気持ち）	すごく助かるんだ	

● 実践の様子と結果

　「いつも頼まれてばかりで，いままで頼んだことがなかったのですごくよかった」「みんな笑顔で頼んでいたので『きっとオーケーするんじゃないか』と思った」「『やってよ！』という言い方でなく『悪いけどやってもらえない』と言えばよいのだと思った」など，具体的な言葉をイメージしたり，相手のことを考える必要性を強く認識したりするようになっていた。こうした練習に関しては肯定的な意見がほとんどだったが，中には話しかけるタイミングがむずかしく緊張してしまったという感想もあった。したがって，できていることは積極的にほめ，「自分はやれる」という自己効力感を高めていくことが必要である。

第7章　適応指導教室におけるソーシャルスキル教育

	学習活動と生徒の様子（○：教師，◆：生徒）	ポイントと留意点
導入	（1）頼み方について考える。 ○「人って，一人で生きてはいけないよね。だれかを助けることもあれば逆に，だれかに助けられて生きているよね。みんなもそうだと思うけど，だれかに助けてほしいことってあるよね。この○○教室でも，ちょっと助けてほしいこととか頼みたいことってあるよね」 ○「ワークシートを見てください。作業している友達に一緒に机を運んでもらうには，どう頼めばいいかな」 ◆「手伝って」「一緒に運んでくれる？」	・どのように頼めば気持ちよく引き受けてくれるか，問題意識をもたせる。 ・生徒の意見を聞きながら板書し，整理していく。
展開	（2）頼み事をするときのポイントを整理する。 ○「いろいろ考えてくれたね。気持ちよく引き受けてもらうためには，次の3つのことが大切とわかりました」 　1．頼み事をしなければならない理由 　2．何を頼みたいのか具体的な自分の要求 　3．その要求を満たしてくれたときの結果 （3）モデリング（教師のロールプレイを見る） ○「ちょっと悪いんだけどさ，この机を運ばないといけないんだけど，一緒に運んでくれると，すごく助かるんだ」 ○「このように頼まれればやってもいいかな？」 （4）リハーサル（実際にやってみる） ○「それでは，3人組になって，一人がもう一人に頼むことをやってみよう。あとの人は，見てよい点やこうすればもっとよくなる点を言ってあげよう。順番に交代してください。今日は練習だから，頼まれた人は『いいよ』と言ってあげよう」	・過去に自分がどのように頼んでいたかを振り返らせながら，3つのことを意識させてもよい。 ・相手役を生徒にやってもらうように頼んでもよい。 ・カードに頼む内容や3つのポイントを踏まえた話し方例を載せておく。できるだけ見ないようにしてやらせる。
まとめ	（5）フィードバック ○「何組かにやってもらいますね。見ている人はよかったところをあげてください」 ◆「笑顔だった」「相手を見ている」「気持ちが出ていた」 ○「お互いのを見てどんなことに気がつきましたか？」 ○「今日の感想を書いてみましょう。今日は練習だから，『いいよ』と言ってくれたけど，いつもそうとは限らないね。そんなときはどうする？」 ◆「自分でやる」「ほかの人に頼む」「頼み方を反省する」 （6）日常生活での実践に取り組む。 ○それでは，次までに，今日のことを思い出して実際に頼み事をしてみてください。どんなふうに頼んだか，結果，感想をチェックしてきてください。	・出てこないときには，教師があげ，着目の観点に気づかせる。 ・断られて，怒ってしまうと台なしになってしまうことを押さえておく。 ・日常でやってみて，振り返る作業をする（ワークシート配布）。

第4回の展開

標的スキル きっぱり断る

相手を傷つけずに断ろう

> ごめんね,先に約束があるから行けないんだ 明日は大丈夫だけど,どう?

● 本時のねらい

通学していたころ,毎日のようにお気に入りの消しゴムをとられて文句一つ言えなかったとつぶやいた生徒がいた。頼まれたことを断って相手から仕返しされるのが怖いという生徒もいれば,相手を傷つけたくないのでなんでも引き受けてしまう生徒など,生徒によって背景は異なるが,断ることはかなりむずかしいスキルである。あいまいな表情や嫌なのかどうかわかりにくい表現は,応じてくれたのだと勘違いされやすい。断れないことが継続するとストレスが大きくなり問題行動につながりやすい。したがって,相手を傷つけずに断ることができるよう支援する。

● 準備物

①モデリングカード(P.127参照)
②断り方カード
③断り方の宿題シート:自分が言ったことと相手の言葉を書き込みチェックできるシート (P.127参照)

断り方カード

	例	考えてみよう
謝る	ごめんね 悪いけど	
理由	今日は○○があって	
断りの表明	私にはできない 僕には無理	
代案	この次なら ほかのやり方だったら	

● 実践の様子と結果

いままでは,相手のことを考えて断るということをあまり意識していなかった生徒が多いようだった。相手を傷つけないよう考えたり,お願いしたりする方向で断れば嫌な感じはしないことに気づいた生徒が何人かいた。また,謝る言葉の「ごめん」やできない理由,代案などがあると傷つかないことを,身をもって体験したようだった。だれも教えてくれなかったが生活では大切なことだと感じたようで,自分にとって大事なことが一つ増えたという感想もあった。親を相手にていねいに断ってみて驚かれたという報告もあった。

第7章 適応指導教室におけるソーシャルスキル教育

	学習活動と生徒の様子（○：教師，◆：生徒）	ポイントと留意点
導入	（1）断る場面・断り方について考える。 ○「生活していると，頼まれることは多いよね。頼まれたら，すべて受けなければいけないのかな？」 ◆「悪いことはできない」「引き受けたら，自分が困る」 ○「やはり，断ったほうがいいときはあるみたいですね。それじゃあ，うまく断れなくて困ったことはあったかな？ちょっと考えてみよう（何人か発表させる）」 ○「頼まれたとき，いちばん初めに『引き受ける』か『断る』か決める必要があるね」	・生活の中で断ったほうがいいときがあること，相手を傷つけないようにすること，を再認識させる。
展開	（2）モデリング（教師のロールプレイを見る） 　①「ヤダよっ!!」と攻撃的に断る例 　②「えーっ」と言いながら，引き受けてしまう例 ・モデルの提示の後，どうだったか聞いてみる。 ○「自分の考えをはっきり伝え，断っても友達でいられるような断り方を考えて，ワークシートに書いてみよう。どんなふうに考えたかな？（発表してもらう）」 ○「みんなの意見をまとめると，次の4点が大事ですね」 　①謝罪＋②理由＋③断りの表明＋④代わりの案 （3）リハーサル（実際にやってみる） 　断り方カードを用いて，実際にやらせる。 ○「3人組になって，一人が頼んで，もう一人がうまく断ってみよう。それを見て，もう一人は，見てよい点やこうすればもっとよくなる点を言ってあげよう」	・意見が出やすいモデルを与える。 ・ゆっくり考えてもらうようにする（モデリングカードを利用する）。 ・カードに断る内容やポイントを踏まえた話し方例を載せておく。できるだけ見ないでやらせる。
まとめ	（4）フィードバック ○「じゃあ，今日の感想を書いてみましょう。今日の感想をだれか教えてください」 ◆「ドキドキした」「悪い気持ちがした」 ○「人からお願いされても無理なときってあるよね。相手と自分の気持ちや事情を考えて，引き受けられるのかどうかまず決めればいいよね。断るときには今日のことを生かして，相手が嫌な思いをしないように工夫してみよう」 （5）日常生活での実践に取り組む。 ○「それでは，次までに，今日のことを思い出して実際に断る機会があったら，今日やったように試してみよう。うまく断れても断れなくても，そのときのことを宿題シートに書いてこよう」	・いろいろな言い方があることに気づかせる。 ・言葉だけでなく，非言語的な行動が重要であることを押さえる。 ・日常でやってみたとき，それを振り返らせることが大事（宿題シート配布）。

実践の結果

1 結果で明らかになったこと

（1）ソーシャルスキル得点の変化（他者評定）

石川・小林（1998）のソーシャルスキル尺度（他者評定）の結果を見ると，下位尺度の「向社会性」については，1人を除いて向上しており，他者を思いやる行動がSSEを行う前より後のほうで増加していた。向社会性は「困っている友達を助けてあげる」「友達の頼みを聞いてあげる」「相手の気持ちを考えて話す」などの項目から成り立っている。

（2）行動評定の改善

ソーシャルスキルには，言語的な面と同時に，非言語的な側面が大切である。ここでは，非言語的な側面の中でも，「視線の量」「声の大きさ」「表情」「積極性」について第1回と第4回の違いを検討した。その結果，図1と2のように「表情」と「積極性」の変化が向上した。「表情」はA子以外の5人は向上した。また「積極性」も4人が向上した。「視線の量」や「声の大きさ」はもう少し授業を積み重ねていくことが必要であるが，「表情」の明るさや，やってみようという態度は4回だけでも効果があることが明らかとなった。

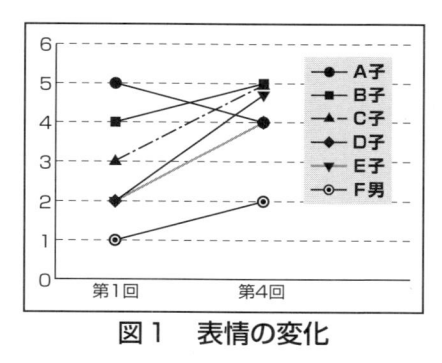

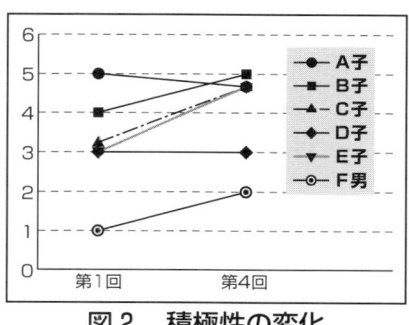

図1　表情の変化　　　　図2　積極性の変化

2 実践で留意した点と振り返り

（1）実践後の感想と日常での行動の変化

6名全員に，実践後に感想を尋ねた結果，思考・感情・行動のすべての面で変化を意識

している感想が書かれた。例えば思考の面は「相手の意見をよく聞けば嫌な思いをさせなくてよい」「相手の気持ちを考えるようになった」「あいさつや頼み方など，相手によっていろいろなやり方があることに気づいた」「話しかけるタイミングがむずかしかった」など，具体的な知識を獲得したものが多かったようだ。感情面は「相手の反応をうれしいと感じた」「うまくやれてうれしかった」「恥ずかしかったが面白かった」などがあった。これまで無意識だったことに意識して取り組むと，興味深く，相手との交流が新鮮だと感じたようだ。「いつも照れちゃうから，今度からは照れずにあいさつしたい」という抱負や意欲にもつながっている。行動面は「実際に仲間に加わることができた」「頼み方を知らなかったから声かけられなかったけど，やってみたら相手もすんなり『いいよ』って言ってくれた」「いままで自分からほとんどあいさつしなかったけど，練習してから，自分からあいさつすることが多くなった」というポジティブな変化を実感していた。4回は必ずしも多くないが，練習によってスキルが自分の行動レパートリーになる喜びを知り，日常生活に活用する姿がうかがわれた。

❸ 今後の課題

不登校の背景に対人関係のトラブルがあったり，通学していない環境の影響を受けたりして，自分に自信がもてない生徒が少なくないため，初めから「自分で考えてみよう」「自分の言葉で」などオリジナルのものを要求しすぎると辛くなるおそれがある。ゲームなどでリラックスした環境をつくり，無理に参加する必要はないことを告げて実施するとよい。簡単なモデルを豊富に与えたり，リハーサルもカードを見て声に出したりするだけでよいと知らせて抵抗の低い状態から始め，少しでもできたらほめて自信をもたせる必要がある。

カウンセラーは，SSEの理論と実践を十分理解し，できるだけ事前に打ち合わせをして，指導後のスキルの定着に配慮する。また保護者にもていねいに説明し，宿題に協力してもらうことが大切である。生徒は学んだことが実際の生活で生かせる体験をすると自信を深める。

今後は，どの程度のソーシャルスキルが必要であり，どういった行動が他者から受け入れられないことがあるのか，といった生徒たちの実態をきちんと理解したうえで必要なスキルのポイントを構造化していく必要がある。また，言語的な内容だけでなく，非言語的な行動の変容を適切なレベルに促すワークを工夫することが望まれる。

引用・参考文献

・石川芳子・小林正幸「小学校における社会的スキル訓練の適用について―小集団による適用効果の検討」『カウンセリング研究』31（3），1998年，300-309頁。

・小塩真司「青年の自己愛傾向と自尊感情，友人関係のあり方との関連」『教育心理学研究』46（3），1998年，280-290頁。

・渡辺弥生『ソーシャル・スキル・トレーニング』日本文化科学社，1996年。

・渡辺弥生・蒲田いずみ「中学生におけるソーシャルサポートとソーシャルスキル―登校児と不登校児の比較―」『静岡大学教育学部研究報告　人文・社会科学篇』49，1998年，337-351頁。

・渡辺弥生・山本弘一「中学生における社会的スキルおよび自尊心に及ぼすソーシャルスキルトレーニングの効果―中学校および適応指導教室での実践―」『カウンセリング研究』36（3），2003年，195-205頁。

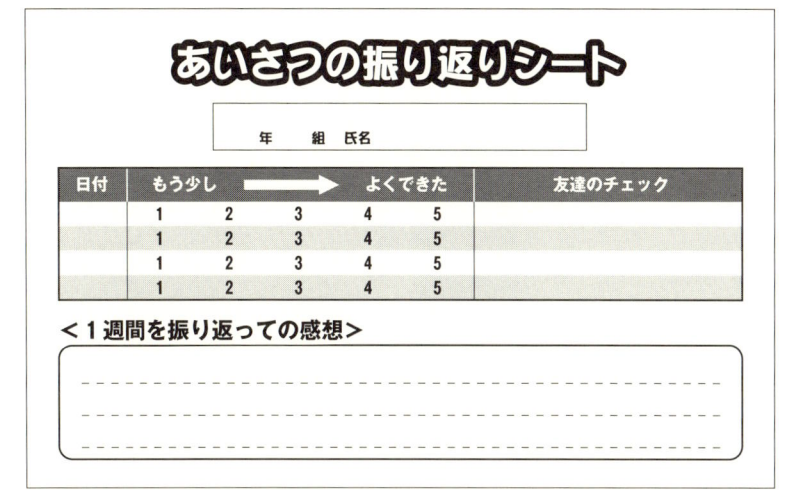

第7章 適応指導教室におけるソーシャルスキル教育

あいさつの振り返りシート

年　組　氏名

日付	もうすこし　→　よくできた	友達のチェック
	1　2　3　4　5	
	1　2　3　4　5	
	1　2　3　4　5	

＜1週間を振り返っての感想＞

頼み方　宿題シート

年　組　氏名

○○○　月　日　曜日

（自分）　　　　　　　　（相手）

Q1. 自分の理由をきちんと言えたかな？（もうすこし・はい）
Q2. 自分の要求をきちんと言えたかな？（もうすこし・はい）
Q3. 自分の気持ちをきちんと言えたかな？（もうすこし・はい）
Q4. 相手の反応はどうだった？（引き受けてくれた・断られた）
Q5. 今度はどんなふうにしたい？

断り方　モデリングカード

えっ？
うーん……
いいよ…

ヤダよっ！！

断り方　宿題シート

年　組　氏名

○○○　月　日　曜日

（自分）　　　　　　　　（相手）

Q1. うまく謝れたかな？（もうすこし・はい）
Q2. きちんと理由を言えたかな？（もうすこし・はい）
Q3. きちんとできないことを伝えたかな？（もうすこし・はい）
Q4. 相手の反応はどうだった？（わかってくれた・わかってくれない・わかってくれた）
Q5. 今度はどんなふうにしたい？

Part 3　中学生へのソーシャルスキル教育の実践

127

第8章 LD, ADHDをもつ生徒への ソーシャルスキル教育

佐藤容子

1年生　個別指導　全8回

1 LDをもつ生徒の対人関係

　LD（学習障害：Learning Disabilities）とは，全体的な知的能力に大きな遅れはないが，読む，書く，聞く，話す，計算する，推論する等のさまざまな能力の習得と使用に著しい困難を示すものである。困難の原因は，中枢神経系の問題が推定されており，視力，聴力などの感覚器官の問題ではなく，さまざまな情報処理の偏りの問題だと考えられている。

　例えばある生徒は，ほかのことは年齢相応に何でもできるのに，漢字を書くことが極端に苦手で，中学生になってもひらがなばかりの文章を書いている。教師が黒板の文字を書き写すよう指示しても，時間がかかりすぎて，皆が終わっても全体の1割程度しか書き写せない。この生徒は短期記憶に苦手な部分があった。画数の多い漢字などはすべての画を記憶することができず，何回も黒板を見て，部分的に覚えて書き写すため，ほかの生徒に比べて極端に時間がかかってしまう。この生徒は，ほかの生徒の何倍も努力しているのに，周囲からは理解されず，怠けている，やる気がない，いい加減だなどと誤解され，叱責されることが多い。また短期記憶の困難さゆえに，約束やルールを破ることも少なくない。

　このように，LDをもつ生徒は，ほかの生徒たちとはある面で情報処理の仕方が異なるため，周囲から誤解を受けやすく，拒否されたり孤立してしまうことが少なくない。

2 LDをもつ生徒へのソーシャルスキル教育

　LDをもつ生徒は，それぞれ情報処理の特徴が異なっていて，一括して論じるのは困難だが，いくつかの大きな特徴を踏まえたソーシャルスキル指導のポイントを説明しよう。

①視覚と聴覚の両方に訴える：LDをもつ生徒の場合，どちらかというと視覚的情報の処理が苦手な生徒もいれば，聴覚的情報の処理が苦手な生徒もいる。対象の生徒が前者の場合「見ればわかる」情報の処理がうまくいかないことが多い。場面の雰囲気を読むとか，相手の言葉と表情が一致しない場合に相手の真意を理解することなどが苦手である。このような生徒は，悪意はないのに無神経な言動で相手を傷つけたり，ひんしゅくをかう行動をしてしまうことが多い。また，聴覚的情報処理が苦手な生徒の場合，音がよく似た別の単語と聞き間違えたり，言われたことに対して適切な応答ができないことが多い。

前者のタイプの生徒には，その場面の様子など「見ればわかる」と思える情報も具体的な言葉を用いて口頭で説明してやるとよい。後者のタイプの生徒には，口頭で説明するだけでなく，視覚に訴える教材を提示する。適切なソーシャルスキルを実演する，文字に表現して提示する，手がかりなどを図や具体物を用いて説明するなどが有効である。

②細かく，具体的に：ソーシャルスキルがうまく実行できない場合，通常はそのスキルが未習得か，習得しているが緊張や不安などの妨害要因があって実行できないと考える。しかし，LDをもつ生徒の場合，スキルを習得し実行するのに必要な能力の一部が機能していないので，それを補う形の指導が必要となる。したがって，LDをもつ生徒へのソーシャルスキル指導では，スキルの実行にかかわるさまざまな要素（視線のおき方，声の大きさ，その場面をどう理解すべきかなど）のすべてを，一つ一つ，具体的に説明する必要がある。

③何回も繰り返して覚え込ませる：指導した適切なソーシャルスキルは，しっかり記憶にとめ，適切な場面で実行できる必要がある。LDをもつ生徒には，記憶に困難さを抱えるケースもあるので，何回も練習を繰り返し，スキルを確実に習得させることが大切である。

❸ ADHDをもつ生徒の対人関係

ADHD（注意欠陥多動性障害：Attention Deficit Hyperactivity Disorder）は，大きく分けて，注意集中が困難なタイプ，多動性・衝動性が目立つタイプ，その両方の特徴をもつタイプに分かれる。

①注意集中が困難なタイプ：他者と話をしているときも，相手の話をよく聞いていない。自分が質問したにもかかわらず，相手が答える前に質問したこと自体を忘れてほかのことに気をとられてしまっている，不注意なミスを繰り返すなどが特徴的である。

②多動性・衝動性が目立つタイプ：いつも落ち着きなくそわそわしていて，話を聞いていないように見えるが，質問するときちんと答えるので，聞いていないのではないことが

わかる。また，思ったことを吟味せずすぐに口に出してしまうので，相手に失礼な発言をしたり，そのときの話題とは関係ない話を持ち出したりして，周囲からひんしゅくをかってしまう。一つの活動を長時間続けることができず，一人で別のことを始めることもある。さらに，椅子をガタガタさせるなど，周囲に迷惑な行動をすることも少なくない。

　一般に，ADHDをもつ生徒は，行動と感情のコントロールが苦手である。そのために，勝ち負けにこだわりすぎて，負けると腹を立てていつまでも治まらない，ちょっと腹を立てると手加減することなく相手を攻撃するなどの困った行動がみられることがある。また，仲間に入るときのやり方が，強引で不適切な場合が多い。さらに，よくしゃべるわりには他人の話を聞かない，対人間で問題が発生したときにはじっくり取り組むことができず，手っ取り早く攻撃的な行動で解決しようとすることも少なくない。

❹ ADHDをもつ生徒へのソーシャルスキル教育

　ADHDをもつ生徒へのソーシャルスキル教育（以下，SSE）では，まず第一に，感情のコントロールと攻撃行動をなくすことを目標にしたい。

　ソーシャルスキルは，仲間や大人など，いろいろな他者との間で交わされる相互的なものであり，ある場面で用いたスキルに対して，相手から望ましい反応を引き出したとき，強化される。ADHDをもつ生徒は，適切なスキルを習得していても，その衝動性ゆえに，将来を見通して，いま自分がもっているスキルの中から適切なスキルを選んで用いることは苦手な場合が多い。しかも，彼らは，健常児に比べて，「強化の遅延」ができない。つまり，ADHDをもつ生徒は，欲求不満場面で，将来の満足のためにいま我慢することがむずかしく，手っ取り早く自分が満足を得られる行動をとるのである。それが攻撃行動であることが多い。攻撃行動は，モヤモヤする感情を外にぶつけ，他者から物を奪い取ることができ，とりあえず気持ちはスッキリするため，一時的なストレス発散（直後の正の強化）の効果をもつ。対人関係が壊れたり，叱責を受けることはその後に起こる結果（遅延の負の強化）なので，ADHDをもつ生徒の攻撃行動はなかなか減少しないのである。これらのことから，ADHDをもつ生徒へのSSEでは，適切なスキルに対して直後に正の強化（ほめること）を与えることが大切である。

❺ 指導事例：LDとADHDをあわせもつ生徒へのソーシャルスキル教育

　ここでは，ADHDをもつ中学1年生A君への個別指導の事例を取り上げる。ADHDをも

つ生徒はその障害の特徴ゆえに，通常の学校では，集団での一斉指導よりも個別指導を行ったほうがコストはかからず，成果は大きいと考えられるからである。

　A君は，成績中位，元気でスポーツのよくできる生徒である。国語の読みが極端に苦手でよく間違った読み方をするため，同級生に常にばかにされている。入学直後からときどき暴れることはあったが，夏休み明けから回数が増え，毎日5～6回トラブルを起こしていた。同級生（特に女子）にからかわれることをきっかけに，力まかせに相手を殴る，蹴る，首を絞めるなどの暴力行為をし，相手にけがを負わせることも珍しくない状態だった。

　A君自身は，相手を意図的に傷つけようとしているのではなく，「ついカッとなって」暴力をふるい，「気がついたらとんでもないことをしていた」という状態で，自分でもこの問題をなんとかしてほしいと考えていた。

6 本実践のねらい・標的スキルを選んだ根拠

　A君に対しては，「仲間からの挑発にのらず，冷静に対応する」と「怒りのコントロール」の2つのスキルを標的スキルとした。A君は，同級生（特に女子）にからかわれてカッとなり，攻撃行動をしてしまうのだが，そのために，皆がA君を凶暴で恐ろしい子と考えて避けるようになり，それに対してA君自身も孤独感をもち，暴力行動がエスカレートする傾向にあった。これらのことから，上記2つの標的スキルを指導することは，A君と同級生の仲間関係と心の健康を改善するための緊急の課題と考えられた。

7 指導計画

	授業内容
1回	**動機づけ** 問題解決のために協力してくれる人がいることを理解させる。また，指導を受け入れ，問題を解決しようとする意欲を高める。
2・3回	**場面，考え，感情，身体反応，行動，結果の関係を理解させる** 同じ場面でも，いろいろなとらえ方（考え方）が可能なことを理解させる。また，どのようにとらえるかによって，生じる感情が異なること，生じる感情の種類や大きさで身体反応や行動が違ってくることを理解させる。さらに，その人が行った行動によって，周囲から受ける反応（結果）が異なることも理解させる。
4～7回	**挑発への対処と怒りコントロールスキルについて学ぶ**　展開アリ！ 挑発行動に対して，どのように冷静な対処法をとればよいのかを学ぶ。また，怒りの感情が生じたときに，そのことを意識し，暴力などの暴発行動を起こさないためにどのようにすればよいかを学ぶ。
8回	**教室の日常場面での指導** 学んだスキルを日常場面で使えるようにし，担任教師に協力してもらって，怒りコントロールスキルの使用を定着させる（本時以外にフォローアップを3回）。

第4回の展開

標的スキル 挑発への対処・怒りコントロール

「もてる男になる作戦 Part2 クールにいこう！」

● 本時のねらい

　仲間から嫌なことを言われたとき，冷静に対処するためのスキルを学ぶ。また，相手がしつこく言ってくるときに，カッとなって攻撃行動をしてしまう自分について，まずそのときの怒り感情の高ぶりを意識させる。そして，その怒り感情の高ぶりを抑えることの重要性とその方法について具体的に学ぶ。さらに，自分の怒り感情を自分で抑えて適切な行動をとることができたときに生じる肯定的な結果を体験する。また，このスキルを日常場面で用いる動機づけを高め，維持と般化を促すために，担任教師にどのように協力してもらうかについて理解する。

● 展開の概要

（1）怒り感情が起きる場面を把握する

　A君と指導者が1対1で話し，まず，実際の場面では級友たちからどんなことを言われて腹が立ったかについて，A君に具体的な場面をあげさせた。その中で，A君のLD症状である音読の下手さが，級友たちからのからかいや嫌がらせの対象となっていることが明らかになった。そこで，この問題に対しては，教科書を拡大コピーして読みやすくするとともに，あらかじめ家庭で読みの練習をしてくるように指導した。このことについては，家庭にも協力を求めた。

（2）挑発行動への対処法を身につける

　級友たちからの挑発行動については，A君の困った顔やうろたえた顔が，級友たちの挑発行動を強化していることを理解させ，「彼らの悪の期待を裏切って，やる気をなくさせよう！」のスローガンをつくって，A君が級友からからかわれたり，挑発を受けたりしたときにはまず，「やめろ！」とおだやかではあるが毅然とした態度ではっきりと言うことを指導した。その際，相手だけでなく，近くにいるだれかほかの人にも聞こえるくらいの声の大きさで，相手の顔を見て言うように指導した。

それでも級友がやめない場合は，もう少し大きい声で，再度，「やめろ！」と言い，冷静な様子でその場を離れるように指導した。声の大きさやタイミングなどを具体的に理解させるために，指導者がモデルとなって，適切な行動を示した。その後，A君にも適切な行動を練習させた。ここでは，A君の適切なスキルに対して，ポイントを与えて賞賛した（例えば，「いいですね。いまのは，ファイブ・ポイント！」など）。

（3）怒りコントロールスキルを身につける

　次に，どうしても冷静でいられなくなった場合の怒りコントロールスキルを指導した。ここでは，「ほとんどの女の子たちは，やさしく，クールな男性が好きです。あなたもやさしく，クールな男になりましょう！」と教示して動機づけを高め，やさしくクールな男とは，暴力をふるわず，いつも冷静でいる人のことだということを確認した。

　その後，「カッとなったときは，まず，そうなった自分の状態に気づくことが大切です。あなたの場合はどんな感じがするでしょう？　いま，そんな場面を想像してみてください。頭に血がのぼる感じがしますか，胸がドキドキしますか？」と尋ねて，実際の場面を想像させ，そこで生じる自分の感覚を認識させた。「これからは，だれかに嫌なことを言われたら，頭がキュンとなっているかどうかに気づくようチェックしてみてください。そして，もし頭がキュンとなっているのに気づいたら，『これだ！』とはっきり意識して，心の中でゆっくり1から10まで数をかぞえることに集中してください。数をかぞえることができたらそれだけで大成功です。もし数をかぞえられない場合は，その代わりにトイレに行くか，水を飲みに行きましょう。これらの行動のどれかができたら，自分で自分をほめてやりましょう。そして，そんなことがあったということをワークシート（P.135参照）にメモしておいて，次回に私に見せてください」と教示した。

実践の様子と結果

❶ 実践中での対象生徒の変容

どのような場面で怒りを感じるかと，その怒りに対する対処法を第4回で学んだあと，指示したワークシートのメモを第5回の指導時にチェックし，A君の努力を賞賛した。A君自身も，数をかぞえる，トイレに行く，水を飲むなど，怒りを攻撃行動に移さないための対処法によってカッとなる回数が減り，怒りの大きさが指導前よりも徐々に小さくなっていることを，毎回報告した。

これと並行して，A君の担任教師には，教師がいるときにA君がカッとなりそうな場面に気がついたら，A君に手で合図をして，数をかぞえることを思い出させてやるようにお願いした。

❷ 指導の結果と変容

これらの指導の結果，担任教師の報告によると，A君が学校でカッとなって暴力をふるう回数は極端に減少し，指導前は毎日5～6回は起こっていたのが，せいぜい1か月に1回程度になった。

また，毎時間のようにA君の怒声が廊下に響きわたり，あわてて教室に駆けつけていた指導前に比べて，指導後はA君の表情がおだやかになり，教師もA君の暴力行動以外のがんばっている点に目を向けてほめてやれるゆとりができたこと，教師自身のストレスが大きく改善したとの報告を受けた。

もてる男になる作戦 Part2
クールにいこう！

◆頭が「キュン」としたときにメモしよう！

月日	場　面	頭のキュンに気づいたか？	心の中で数をかぞえたか？	その結果は？	ごほうびシール欄
/	-------- --------	Yes ・ No	Yes ・ No	-------- --------	
/	-------- --------	Yes ・ No	Yes ・ No	-------- --------	
/	-------- --------	Yes ・ No	Yes ・ No	-------- --------	
/	-------- --------	Yes ・ No	Yes ・ No	-------- --------	
/	-------- --------	Yes ・ No	Yes ・ No	-------- --------	
/	-------- --------	Yes ・ No	Yes ・ No	-------- --------	
/	-------- --------	Yes ・ No	Yes ・ No	-------- --------	
/	-------- --------	Yes ・ No	Yes ・ No	-------- --------	
/	-------- --------	Yes ・ No	Yes ・ No	-------- --------	

第9章 高機能自閉症・アスペルガー症候群の生徒へのソーシャルスキル教育

岡田　智

抽出生徒　民間教育機関　全20回

❶ 高機能自閉症とアスペルガー症候群のソーシャルスキル教育

　アスペルガー症候群や高機能自閉症（以下，これらの障害をAsperger's Syndromeの頭文字をとってAS等とする）は，対人関係やコミュニケーションの困難，こだわりが中心となる障害である。これらの困難の背景には，相手の考えや気持ちがわからない，周りの雰囲気，状況が読み取れない，暗黙のルールを察することができないといった"心の理論の障害"や"社会的認知の障害"がある。それだけではなく，自分なりの考えに固執したり，行動や気持ちの切りかえがむずかしかったりと，"柔軟性のなさ"や"こだわり"の問題もみられる。AS等の生徒には，これらの障害特性に応じたソーシャルスキル教育（以下，SSE）が必要になる。特性に応じたポイントについては，P.140を参照されたい。

❷ 本実践のねらい・標的スキルを選んだ根拠

　本実践では共感スキルに重点をおいてSSEを行った。AS等の生徒は，心の理論の獲得が遅れがちである。しかし，知的に遅れがなければ，論理的思考や抽象的思考が育ってくると，直感的判断というよりも論理的に他者の気持ちや周りの状況を考えはじめ理解できるようになる者も多い。中学生の時期は，AS等の生徒でも論理的思考が育ち，また，仲間との絆や友情形成などに意識が高まる時期である。したがって，"共感スキル"の中でも"自分の気持ちを理解する""他者の視点に立つ""相手の気持ちを理解する"といった心の理論に関するスキルを具体的に教えていくことに意義がある。

❸ 対象生徒の状況と全体計画　全20回

　AS等の生徒を対象に，民間の教育機関でSSEを行った。月2回，1回2時間，1年間（計20回）行った。指導者は，臨床心理士2名，研修スタッフ2名の4名である。対象生徒は，医学診断や疑いのある中学生9名。どの生徒も知的に遅れがない（WISC-Ⅲの全検査IQが90～124）。生徒らの不適応の状況は，状況が読めない，相手の様子を察して振る舞えないなどの心の理論や社会的認知の障害が関係していると考えられる。また，生徒たちは，日常では，対等で満足感のもてる仲間関係が築けておらず，孤立していたり，受身的であったり，逆に一方的であったりと仲間へのかかわりが不適切である。これらのことから，グループ活動の中にSSEを取り入れることで，適応的な仲間関係をつくり，ソーシャルスキルを学ぶことができ，生徒たちの社会適応が促されると考えられる。

　各回の構成は，①ウォーミングアップゲーム（20分程度），②ソーシャルスキルの時間（1時間程度），③お楽しみゲーム／運動／お茶会（30分程度）とした。

	テーマ	内容
1～5回	仲間のことを知る	仲間を知り親睦を深める・名前や興味関心を覚えるゲームを行う。
6・7回	ソーシャルスキルって何？	ソーシャルスキルの概念と意義について指導者のエピソードを交えながら教示する。生徒の長所と短所について肯定的に整理し，ワークシートを用いて自分のグループ活動における目標を考える。
7回	グループ活動のルール	グループ活動を気持ちよく楽しく過ごすためのルールを話し合う（「遅刻するときは電話で報告する」「仲間に協力する」などがあがる）。
8・9・18回	会話のマナー	会話のマナーを話し合い，ルール化（大きな声では話さない，共通の話題で会話する，一人だけ話さない等）。喫茶店等での会食会など，適切なマナーを必要とする機会を設けるとよい。
9～11回	自分の気持ちを考える	8・9回「感情ぴったんこクイズ」。10・11回「気持ちの温度計クイズ」：生徒がエピソードとそのときの気持ちを発表し，ほかの生徒はその気持ちの大きさがどのくらいかを当てるクイズ。
12～15回	相手の気持ちを考える	12回「レゴの伝達」：言葉だけでレゴブロックの構成を相手に伝え，相手はそれを聞いて同じレゴの構成をつくる。相手の視点で説明するよう促す。13回「協力ジェンガ」：2人ペアで人差し指のみを使ってジェンガを行う。相手のスピードやペースに合わせることを事前教示。14・15回「ブラインドウォーク」：ペアになり，目隠しした相手を連れて歩く。「相手は見えない」「相手の気持ち，感じ方を聞く」「相手に応じて先導する」を事前教示。お互いにフィードバックしあう。
14～19回	一番よい解決法	自分の悩み，うまくいかなかったこと，トラブルなどをワークシートに記入（宿題にする）。一人一人の問題について，問題場面の整理・解決法を考える・結果を考える・よい解決法を選ぶ，のステップで，話し合ったりロールプレイをしたりしながら，みんなで考えていく。
20回	グループ活動の振り返り	グループ活動で学んだことを振り返る。感謝カードをつくり「聖徳太子でありがとうゲーム」を行う（いっせいに，一人の人に感謝の言葉を言う）。

第8回の展開

標的スキル 気持ちを理解する

自分の気持ちを考える
（感情ぴったんこクイズ）

> 遊園地に行ってジェットコースターに乗ったとき

> 誕生日に欲しかった靴をプレゼントしてもらったとき

● 本時のねらい

「自分の気持ちを表現する」「仲間に自分の気持ちを考えてもらう経験をする」「仲間の気持ちを考えてみる」を本時のねらいとした。共感スキルを習得するには，まず，自分の感情が理解できること，仲間と感情体験を共有できることが必要である。本時のねらいは，心の理論に困難があるAS等の中学生には，必要な学習内容といえる。

● 準備物

・ワークシート1「いろんな気持ち」，ワークシート2「感情ぴったんこ」

※感情語は，AS等の生徒にはあまりにも抽象的である。そこで，感情を視覚的に表すことで，理解しやすくする。また，いくつかの感情をひとまとまりにして，論理的に区分することで，整理しやすくする。これらのワークシートは，AS等の障害特性に配慮したものである。

ワークシート1「いろんな気持ち」

ワークシート2「感情ぴったんこ」

どんな気持ち？（答え）

名前

エピソード（問題）

	学習活動と生徒の様子（○：教師，◆：生徒）	ポイントと留意点
導入	（1）本時のテーマ「自分の気持ちの理解」と活動内容について知る。 （2）ウォーミングアップゲーム（カードゲームUNO，風船バレー）を行う。 ・みんなで楽しみ，場の雰囲気が和み，会話が増える。	・心も体もあたたまるゲームを設定する。生徒たちに決めてもらってもよい。
展開	（3）「気持ち」の勉強をすることを知り，3人程度のグループになり，ワークシート1に意見を出し合って気持ちを表す言葉を書き込む。 ・ムカつく，楽しい，イライラ，悔しいだけでなく，不安，心配，とまどうなどのより抽象的な感情も記載する。 ・具体的なエピソードをあげながら，語の距離感をイメージさせる。 （4）グループで話し合いながら，ワークシートのハートを切り抜き，似たような感情をまとまりにする。 ・「楽しい，うれしい，サイコー」「怒る，イライラ，ムカつく」等，4つ程度のまとまりになる。 （5）「気持ち」はたくさんの種類があること，似たようなものもあるし，違ったものもあることを確認する。 （6）ワークシート2で「感情ぴったんこクイズ」を行う。 ・生徒たちはそれぞれ最近起きた気持ちを選び，その気持ちとそのときのエピソードをワークシート2に記入する。最後に，一人一人出題者になり，自分のエピソードのみを発表する。質問タイムの後，出題者がどんな気持ちになったかをほかの人が当てる。 ・それぞれ，自分の気持ちとそのときのエピソードを話し，仲間に考えてもらうことで，あたたかい気持ちになる。	・ムカつく，やばいなど現代的で不適切な言葉でも否定しない。 ・ヒントを与え，多く考えさせる。 ・視覚的に感情語のまとまりを提示する。 ・教師が出題者になり，クイズのやり方のモデルを見せる。 ・教師が共感を示し生徒のモデルになる。 ・解答が間違っても，「感じ方はみんな違うね」と尊重する。
まとめ	（7）仲間に自分の気持ちを考えてもらえたこと，仲間に自分の気持ちを話したことはどうだったか感想を言う。 ◆「話を聞いてくれてうれしかった」「少し恥ずかしかった」 （8）友達や信頼する人に自分の気持ちを話すことの意義を聞き，気持ちの交流について日常のエピソードをもとに話し合う。 ◆「かばってくれた友達がいたときはうれしかった」「困ったとき，お母さんが話を聞いてくれる。気持ちを言うとすっきり」 （9）感想シート（活動内容，テーマ，感想）に記入し，指導者に見せる。教師は個別にコメントをする。 ○「みんなの気持ちがわかった」「気持ちを話せてよかった」	・「気分が楽になる」「悩みにのってもらえる」など意義を教師が教示する。 ・教師自身のエピソードを交える。

実践の様子と結果

1 障害特性に応じた指導方法

①**ルールの明示**：自分の予定や考えにこだわりやすく，状況の変化に柔軟に対応できないので，事前に「していいこと」「気をつけること」をルールやポイントとして明示する。

②**視覚化**：言語や抽象思考が弱く，一方で視覚的情報処理が得意な生徒が多いため，目で見せて理解させる支援が有効である。教えるべきスキルを，ルール・やり方として表にしたり，絵やイラストなど視覚シンボルで提示したりする。コミュニケーション場面を視覚化して理解させる"コミック会話"も取り入れる。

③**パターン化とパターン崩し**：AS等のこだわりやすさを生かして，繰り返し何度も，同じ手順を意識し練習し，パターン化して教えるといった方法は有効となる。しかし，現実の社会生活は，構造化され整った環境であることは少なく，IQが平均以上の知的に高い生徒は，社会的状況に応じて柔軟にスキルを用いていかなければならない。中学生になれば，ルールには時と場合によって例外があることや，問題解決の選択肢は1つではないこと等も指導していく。

④**興味関心，ペースの合う仲間をつくる**：AS等の生徒は，興味関心を通して仲間とかかわるほうが，上手にコミュニケーションできる。大きな集団に無理に適応するように望むより，AS等同士のグループ活動の中で興味関心を共有し，友人関係をはぐくむことが大切である。AS等へのSSEでは，スキルの学習だけでなくグループ内の仲間関係の構築を促すことも行っていく。

⑤**問題解決のステップをていねいに**：AS等の生徒はその障害特性から「問題場面の理解」「多くの解決法をあげる」「結果を見通す」「適切な解決法を選択する」といった問題解決過程でつまずく可能性が高い。スキルを教示する前に，問題場面の整理と理解を手伝っていく必要がある（だれが，どうした，どうなった，自分の気持ちは，相手の気持ちは，どんな状況だったか）。また，いくつか解決方法を話し合い，それぞれの解決方法でどのような結果になるのかイメージをふくらませ，適切な解決方法を1つか2つ選ん

でいく。このような問題の考え方ができるよう，指導者が調整していく。このようなステップにそって自分たちの課題となっている場面についてロールプレイをしたり，話し合ったり，日常での実践を報告しあったりし，グループでの問題解決を図っていく。

❷評定の結果と生徒の変容

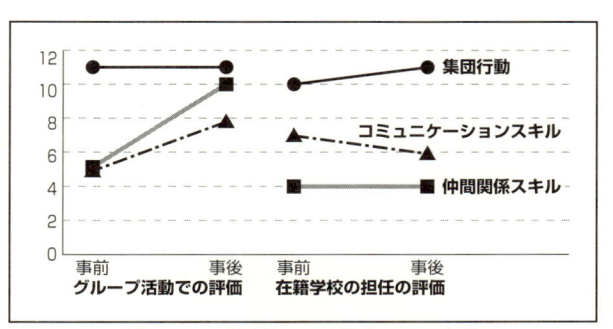

年度初期は，仲間を知り，仲間関係を構築することをねらい，みんなで楽しめるゲームを中心に活動を行った。生徒たちは，グループ活動外に昼食を一緒にしたり，保護者同伴でカラオケに行ったりするなど，相互交渉が増えた。この時期，自分の課題と目標を考えてもらい，SSEを始めた。グループ内では，仲間へのかかわり方のルールを意識し，相手のことを考えて行動したり，仲間の悩みや気持ちを察しようとしたりする姿勢も多くみられた。

生徒Aは，グループ指導ではスキル獲得が認められ，登校渋り，感情の浮き沈みなどの情緒面の症状が改善した。しかし，通常の在籍学校での不適応状態（孤立，からかわれ）は改善せず，スキルの般化もみられなかった。生徒Aの指導者4名によるソーシャルスキル尺度（上野・岡田，2006。P.142～143参照）の評価を上記に示す。また，在籍校の担任教師にも評定を依頼した。数値は，標準化サンプルを用いて，平均が10，1標準偏差が3となる評価点に直したものである。

思春期のAS等の生徒は，通常の人間関係がストレスになりやすい。また，大きな集団やAS等でない仲間とうまくやっていくには，相当な労力を要する。本グループは，在籍校での仲間関係の適応を目的としておらず，生徒の社会自立を支えるソーシャルスキルを身につけることを目的としていた。在籍校への般化には限界があったが，社会参加，社会自立といった長期的見通しの支援であることを考えると，一定の成果が得られたと考えられる。

引用・参考文献

・トニー・アトウッド『ガイドブック　アスペルガー症候群』東京書籍，1999年。
・岡田智・後藤大士・上野一彦「アスペルガー症候群へのソーシャルスキルの指導」『LD研究』14（2），2005年，153-162頁。
・上野一彦・岡田智（編著）『特別支援教育実践ソーシャルスキルマニュアル』明治図書，2006年。

本書で使用した尺度　7

ソーシャルスキル尺度（中学生用）

集団行動

	いつもできない	だいたいできない	たいていできる	いつもできる

syu 粗点

【対人マナー】					備考
状況に合わせた適切な言葉づかいをする（敬語やくだけた言葉の使い分けなど）	0	1	2	3	
自分が悪いときに自ら進んで謝罪する	0	1	2	3	
相手の話に関心を示しながら聞く	0	1	2	3	
適度な距離で人と接する（くっつき過ぎない）	0	1	2	3	
時間を守る	0	1	2	3	
異性と適切に関わる（過度に意識して話せなくなる，なれなれしくしたり，つきまとったりしないなど）	0	1	2	3	
【状況理解・こころの理論】					備考
相手のしぐさや表情から気持ちを読み取る	0	1	2	3	
冗談や皮肉など裏の意味のある言葉を理解する	0	1	2	3	
身だしなみに適度に気を配る（髪型や服装を整える，季節に合わせる，また，気にしすぎ・潔癖にならないなど）	0	1	2	3	
人の目を適度に意識して振る舞う（奇異な行動をしない，意識し過ぎないなど）	0	1	2	3	
場の雰囲気を感じる（緊張感や和やかさなど）	0	1	2	3	
【セルフコントロール】					備考
授業や課題に集中して取り組む	0	1	2	3	
行動する前に，じっくり考える（衝動的に行動しない）	0	1	2	3	
自分のした行動をふりかえる	0	1	2	3	
感情的になっても，気持ちをうまく切り替える	0	1	2	3	
【課題遂行】					備考
与えられた仕事を最後までやりとげる	0	1	2	3	
失敗や予定外のことが起こっても，柔軟に対応する	0	1	2	3	
仕事や課題に取り組む際，計画立て，それに沿って実行する	0	1	2	3	
共同の作業で，与えられた役割をきっちりとこなす	0	1	2	3	
仲間と協力しながら仕事（または課題）を行う	0	1	2	3	

☐の得点は含めないで粗点を算出してください

仲間関係スキル

	いつもできない	たいていできない	だいたいできる	いつもできる
【仲間関係の開始】					備考
適度に視線を合わせて人と話すことができる	0	1	2	3	
憶することなく仲間に話しかける	0	1	2	3	
仲間を遊びに誘う	0	1	2	3	
【仲間関係の維持】					備考
仲間と冗談を言い合う	0	1	2	3	
仲間と会話を続ける	0	1	2	3	
友だちとの約束を守る	0	1	2	3	
外出や遊びなど，仲間と計画を立てて実行する	0	1	2	3	
仲間と趣味や興味のあることを共有する	0	1	2	3	
仲間と秘密を共有する	0	1	2	3	
【仲間への援助】					備考
仲間が失敗したときなど励ましたりなぐさめたりする	0	1	2	3	
困っている仲間を助ける	0	1	2	3	
仲間の悩みや不満を共感しながら聴く	0	1	2	3	

na 粗点

co 粗点

コミュニケーションスキル

【聞く・話す】					備考
相手の話をさえぎることなく聞く	0	1	2	3	
適切に発表やスピーチをする（正しい姿勢，わかりやすいように話すなど）	0	1	2	3	
【非言語的スキル】					備考
適切な声の大きさで話をする	0	1	2	3	
タイミングよく，うなずき・あいづちを入れる	0	1	2	3	
身振りや手振りをうまく使って表現する	0	1	2	3	
【アサーション】					備考
知っている人に自分から挨拶をする	0	1	2	3	
集団に向かって自分の考えを述べる	0	1	2	3	
人に感謝の意を伝える	0	1	2	3	
いやなことはしっかりことわる	0	1	2	3	
くやしさや怒りを言葉で伝える	0	1	2	3	
わからないことは質問する	0	1	2	3	
親しい人に不安や心配なことを話す	0	1	2	3	
困ったとき，人に助けを求める	0	1	2	3	
【話し合い】					備考
話し合いの内容に沿った発言をする	0	1	2	3	
決まった意見に同意する	0	1	2	3	
話し合いの際，多数決，妥協案などの方法を提案する	0	1	2	3	

☐の得点は含めないで粗点を算出してください

※上野一彦・岡田智編著『特別支援教育　実践ソーシャルスキルマニュアル』明治図書，2006年，146-147頁より転載

第10章　進路指導でのソーシャルスキル教育

清水井一

3年生　総合　全6回

1 なぜ本実践にソーシャルスキル教育で迫ったか

　実践を行った際の学級・学年は全体的に，自らあいさつをする・時間を守る・ていねいな言葉づかいができる・約束を守る，などを身につけることが課題であった。なかには，社会性が身についていない生徒や，頭で理解していても実践が伴わない生徒もいた。社会性に関する行動をさらに高めたい状況であった。

　生徒が社会の中で生きる力を育成するためには，日常の教育活動を大切にしながら，同時に授業の中で，「社会性を育てるためのスキル教育」を実践する必要があった。スキルが身についていない生徒や，理解していても実践が伴わない生徒に分けて指導することも大切であった。さらに，校外における学校行事や体験活動（職場体験・上級校訪問・大使館訪問等）を実践の場としてとらえ充実させた。総括的には，ソーシャルスキル教育（以下，SSE）を繰り返すことにより，生徒の個々に応じた向上が見込めると考えたからである。

2 本実践のねらい・標的スキルを選んだ根拠

　本実践は，生徒が進路指導・キャリア教育を具体化するうえで大切なことである。特に，3年生の進学指導で必要な，受験生としての態度やマナーの習得などをねらい，立ち居振る舞いのスキルに焦点を当てた。具体的な授業のねらいは，次のとおりである。

　①マナーを身につけよう，②質問の仕方を身につけよう，③適切な進路を考える，④適切な言葉づかいを学ぶ，⑤自分を表現しよう，⑥こんなときどうする。

　次のような行動が身についていない生徒の存在が，標的スキルを選んだ根拠である。

①人と対応するときのマナーが身についていない。②場に応じた質問の仕方がわからない。③適切に自分の進路を考えるスキルがない。④人に応じた適切な言葉づかいができない。⑤自分の考えをうまく表現できない。⑥トラブルを解決するスキルに乏しい。

そこで、標的スキルとして、生徒が場をわきまえ、気持ちのよい行動ができることを目標に以下を設定した。

①きちんとした言葉で、受け答えができるようにする。②質問の仕方を身につけ、気持ちよく協力を依頼する。③自分の課題に気づき、整理し、進路についての心構えをつくる。④敬語について学び、正確な敬語を身につける。⑤自己アピールを上手にできるスキルを身につける。⑥入学願書の提出の手続きをする。

3 全体計画と考え方　全6回

	授業の主題	標的としたスキル等
1・2回	①マナーを身につけよう ②質問の仕方を身につけよう	・きちんとした言葉で、受け答えができるようにする。 展開アリ! ・質問の仕方を身につけ、気持ちよく協力を依頼する。
3・4回	③適切な進路を考える ④適切な言葉づかいを学ぶ	・自分の課題に気づき、整理し、心構えをつくる。 ・敬語について学び、正確な敬語を身につける。 展開アリ!
5・6回	⑤自分を表現しよう ⑥こんなときどうする	・自己アピールのスキルを身につけよう。 展開アリ! ・入学願書の提出の手続き。

中学校3年5クラス合計157名（男子78名、女子79名）を対象に、「社会性を高めるためのスキル教育」を実施した。具体的には、授業・体験学習を含め、年間35時間実施した。その中の進路指導にかかわる6回を提示した。

第1回の展開

標的スキル
初対面の人と会う

訪問時のマナーを身につけよう

> こんにちは B中学校のAと申します 進学のための学校見学にうかがいました
>
> 受付

● 本時のねらい

（1）上級学校を訪問するときのマナーを知る。

（2）きちんとした言葉づかいで，受け答えができるようにする。

● 準備物

・ワークシート（P.154参照）　・役割を書いた名札　・評価カード，振り返りカード

● 展開上の留意点と生徒の様子

（1）事前に工夫したこと

・初対面の人と接するときのマナーのポイントを理解させた。

　（あいさつをする，用件を的確に伝える，自己紹介をする，取り次ぎを依頼する）

・身だしなみや服装，姿勢，表情などの大切さを理解させた。

（2）生徒たちの事後の様子

　「高校訪問時のマナーについて考えたことと，実際に役割を変えて演技をしてみて気づいたことが多くあった」「事務職員の立場に立ってみて，生徒としてどのような態度で，どのように話し，どう対応すればよいかが理解できた」などの気づきの声が聞かれた。「あいさつはふだんから大きな声で行う習慣がないと，緊張したときにできなくなってしまう」と，日常から練習していく必要性に気づいた意見もあった。また，「事務職員の役割を担当すると，生徒役の態度，服装などがよく見えるようになる」「観察者になると，冷静にマナーの不備な点がわかるようになった」など，役割交代のおかげで視点が広がった様子がみられた。

（3）本実践の効果と留意点

・何をすればいいのかわかることにより，自信のある行動がとれるようになる。

・日常の生活態度が大切であることをあらためて認識させることが大事である。

第10章　進路指導でのソーシャルスキル教育

	学習活動と生徒の様子	ポイントと留意点
導入	（1）高校訪問についての事前アンケートの結果を聞く。 （2）モデリングを見る（教師がロールプレイをする）。 ・生徒が高校を訪問したとき，事務室の職員に受け付けてもらう場面（生徒A役，事務職員役）。 （3）高校を訪問するときのマナーで気をつけること，身だしなみや態度の大切さをグループで考えてみる。 ・声を大きく　・相手をきちんと見る　・笑顔で話をする ・正装の意義…中学生にとって制服はどのような意味をもつのか。さらに，同じ制服を着ていても着方で違う。 ・依頼，待機の態度…代表者がしっかり対応してもその他の生徒の姿勢で決まる。緊張と，真面目さとは違う。表情の違いにより，伝わり方はどのように違うのか。 （4）実際に訪問するときに，初対面の人にどのような接し方・話し方をしたらよいか，せりふを作って考えてみる。	・みんなが不安に思っていることを知る。 ・生徒に相手役を頼んでもよい。 ・ワークシートを配る。
展開	（5）（4）で作ったせりふをもとに，身だしなみや服装，姿勢，表情などを意識しながら代表生徒がロールプレイをする（生徒A役はていねいな言葉づかい）。 （6）マナー項目が満たされていたかを互いに評価する。 （7）1グループ4人ずつになり，役割分担して，生徒A役・事務職員役・観察者1・観察者2に分かれる。 （8）観察者は生徒A役の評価をする。 チェック項目 （評価　◎：たいへんよい　○：よい　△：努力しよう） 			評価
		1回目	2回目
態度，話し方	□相手に好印象を与える服装や髪型である（襟元・ボタン・タイ） □相手をきちんとよく見る □大きな声ではっきり言える □笑顔で話をする		
話すこと	□自分の名前がはっきり言える □正しい言葉づかいやあいさつができる □用件をしっかり伝えることができる		| （9）ワークシートにそってロールプレイをする。 （10）時間に余裕があれば，繰り返しやってみる。	・前向きな態度を，言語・非言語の2つを工夫しながら表す。 ・何人か指名する。 ・役割はローテーションで交代しながら順番にやってみる。 ・話し方はシナリオどおりでも，自分の考えでもよい。
まとめ	（11）各自，振り返りカードに記入する。 ・「初対面の人と接するときのマナーがわかったか」「高校訪問に必要な話し方・態度が練習できたか」「授業以外でも使えるか」を，「できる・だいたいできる・あまりできない・できない」の4段階で答え，授業の感想を書く。 （12）感想を発表する。 （13）本時に学習したことを宿題とし，活用したことをレポートとして提出する。	・振り返りカードを配る。

第4回の展開

標的スキル 敬語を身につける

適切な言葉づかい（丁寧語・謙譲語・尊敬語）を身につけよう

● 本時のねらい

（1）敬語について学び，豊かで正確な敬語の使い方を身につける。

● 準備物

・ワークシート（P.154参照）　・役割を書いた名札
・振り返りカード

● 展開上の留意点と生徒の様子

（1）事前に工夫したこと

・国語の授業での復習を含め，丁寧語・謙譲語・尊敬語の意味を理解させた。
・日常生活の中で定着するように，演習する場を設定した。

（2）進行中の生徒たちの様子

　「場面や相手が変わることで，対応にとまどった」「実際にロールプレイをしてみて気づいたことが多かった」などの声が聞かれた。相手の立場により，敬語を使い分けることのむずかしさを感じながら一人一人が演技を続けていた。

（3）本実践の目標と留意点

・相手の立場をよく理解することで，人や場に応じた適切な行動がとれるようにする。
・日常の生活態度が大切であることをあらためて認識させることが大事である。

第10章　進路指導でのソーシャルスキル教育

	学習活動と生徒の様子	ポイントと留意点
導入	（1）敬語について知っていることを発表する。 ・敬語の種類…尊敬語，謙譲語，丁寧語，美化語 ・敬語表現のいろいろ （2）敬語ってなあに？ ・敬語はどんなものか，発表の答えも交えながら考える。 （3）なぜ敬語を使うのかを考える。	・敬語の種類と使い方について確認する。①相手を尊敬している，②相手と親しくない，③改まった場面，④自分の得意なことをアピールする。
展開	（4）実際に敬語を使ってみる。 ・下の言葉を適切に直して使ってみる。 　①見知らぬ人に，道順を聞くとき（○○高校へ行きたい） 　　「A高校への道順を教えてほしい」 　②面接官に自己紹介するとき 　　「僕はB中学校の○○です」 　③飲み物と菓子をお客にすすめるとき 　　「菓子とジュースを飲んでください」 　④電話での会話（例文を敬語表現に直す） 　　「今度，訪問したいがよいか」（許可を得る） 　⑤主語に応じて敬語の使い方を正す。 　　　a 先生が　b 私が　c 上司に　d 父は　e 山本さん 　　「○○が，リンゴを食べる」（リンゴを届ける） （5）3人組をつくり，上の①〜④の例を役割（①自分，②相手，③観察者）にそってせりふを演じる。	・ワークシートを見てせりふを作り，実際に演じてみる。 ・相手との関係に注意させる（尊敬語と謙譲語を使い分ける）。 ・①〜④は，グループで相談してせりふを考える。 ・役割はローテーションで交代しながら順番にやってみる。 ・せりふを見ずにやれるようになるとよい。
まとめ	（6）各自，振り返りカードに記入する。 ・「なぜ敬語を使うのか，理解できたか」「適切な敬語が使えるようになったか」について，「できる・だいたいできる・あまりできない・できない」の4段階で答え，授業の感想を書く。 ・敬語の必要性が理解できたか。 （7）感想を発表する。 （8）せりふを見ずに，日常生活の中で自然に敬語が使えるよう，練習する。	・振り返りカードを配る。 ・日常生活の中で，時と相手と場に応じて敬語表現ができるようにする。

第5回の展開
標的スキル 自分を伝える

相手に好感を与えるスキルを身につけよう

● 本時のねらい
（1）伝えたい自分を，適切に表現する。
（2）質問に対して，簡潔で，具体的な答え方の表現を工夫する。

● 準備物
・ワークシート（P.155参照）　・役割を書いた名札　・振り返りカード
・チェックリスト，「私のPRカード」（P.155参照）

● 実践の様子と結果
（1）事前に工夫したこと
　授業で教師の話をしっかり聴くようにした。スキル教育では，教師の言葉に従って活動することが基本となる。そのためには生徒がその時間の目的を理解することが大切である。
　また，高校受験の面接について事前にとったアンケートの結果を発表した。「受験のときは緊張してしまってよく話せないのではないかという不安がある」「しゃべるのが下手なので，自分を表現できないのではないか心配だ」「面接官に短時間で自分をわかってもらえるはずはないと思う」などの答えがあったことを伝えた。

（2）進行中・事後の生徒の様子
　最初は，ロールプレイがぎこちなかったが，役割を終えるごとに少しずつ変化がでてきた。やることがわかると，自信をもち少しずつ適切な立ち居振る舞いが行えた。ロールプレイで面接官を体験することで，自分が何を身につければよいのか確認できた様子だった。

（3）本実践の効果
・自信をもつことで，面接を受けるときの言葉づかいや，望ましい態度を理解し身につけた。
・日常の生活態度が大切であることを，あらためて認識した生徒が多くいた。

第10章　進路指導でのソーシャルスキル教育

	学習活動と生徒の様子	ポイントと留意点
導入	（1）高校受験の面接について事前にとったアンケートの結果を聞く。 （2）モデリングを見る（代表生徒のロールプレイ）。 ・役割設定：集団面接の生徒（受験生A・受験生B） 　　　　　：面接官 ・受験生役の生徒は，以下の3点に気をつける。 　①大きな声ではっきり言う，②相手をきちんと見る 　③服装をきちんとする （3）ほかの生徒は，見ながら評価する。 （4）面接のときに気をつけることを，グループで考える。 （5）面接を受けるときの態度等を考える。	・みんなが不安に思っていることは何なのかを知る。 ・ポイントを絞る。 ・会場で待っているところから始める。
展開	（6）身だしなみや服装，姿勢，表情などを考え，やってみる。 ・集団面接の生徒（受験生A・受験生B），面接官の役割を代表生徒がやってみる。 　①受験生Aは，ていねいな言葉づかいで，服装もきちんとしている。 　②前向きな態度を言語・非言語ともに工夫しながら表す。 （7）マナー項目が満たされていたか，何人かの生徒が評価する。 （8）1グループ4人ずつになり，役割分担をして，受験生A・受験生B・面接官・観察者に分かれる。 （9）ワークシートや「私のPRカード」を参考にせりふを作り，ロールプレイをする。 （10）観察者は受験生の評価をする。 （11）時間に余裕があれば，繰り返しやってみる。	・チェックリストを配る。 ・役割を交代しながら，順番に演じる。 ・話し方はシナリオどおりでも，その場の流れで，自分で考えてもよい。 ・評価カードを使って評価をする。
まとめ	（12）各自振り返りカードに記入する。 ・「面接のときのマナーがわかったか」「面接で必要な話し方・態度が練習できたか」「授業以外でも使えるか」について，「できる・だいたいできる・あまりできない・できない」の4段階で答え，授業の感想を書く。 （13）感想を発表する。 （14）本時に学習したことを宿題とし，活用したことをレポートとして提出する。	・自分の言葉で発表する。 ・何ができて何ができないのか，課題をはっきりさせる。

実践の結果

❶ 実践を終えての振り返り

　社会性などのスキルが身についていない生徒や，頭で理解していても実践が伴わない生徒には，SSEが適していると判断し，学校として中学3年間を見通し，系統的・計画的に実践することにした。校外における学校行事や体験活動（職場体験・上級校訪問・大使館訪問等）を実践の場として実行したことが有効であった。

　日常生活の中で，生徒たちに行動の変化が出てきた。具体的な様子を以下に示す。

　敬語を使うことが，少しずつできるようになってきた。特に授業中には，先生や友達に対する言葉を敬語にするように変えていくと，授業そのものが落ち着きを取り戻してきた。また，授業とそれ以外との違いが明確に意識されるようになってきた。

　また，校外における学校行事や体験活動（職場体験・上級校訪問・大使館訪問等）がスムーズに行えるようになった。校外行事は，ある意味でスキル教育の発表の場である。そこで，身につけたことが社会的に通用することがわかれば，自信につながる。逆に失敗したとしても，自分の行動の反省材料になる。

❷ 実践で留意した点と振り返り

　本実践では，生徒が進路指導・キャリア教育を具体化するうえで大切なことを実践した。特に，3年生の進学指導で必要な受験生としての態度やマナーなどをねらい，立ち居振る舞いのスキルに焦点を当てて実践した。進路指導を3年生になって考えるのではなく，中学生として，3年間を見通し，指導・援助する必要がある。

　今回の，指導案の授業での生徒のワークシートから，いくつか感想を紹介してみる。

　「緊張してしまって，なかなか人の目を見て話ができなかった」「ほかの班の発表を見ると，悪い点が目についた」「緊張するとだんだん早口になってしまう」「聞いて考えるときは簡単だと思ったけど，実際にやってみるととっさに出てこないものだとわかった」「言葉づかいや服装など，自分では気づいていないことが多いとわかった」「今回の授業の

内容は，だれもが体験することだと思った」「今回うまくできなかったので，かなり練習することが必要だと思った」「あいさつや，用件の説明の仕方がよくわかった」「敬語は，社会人になっても使えるので，いま，ちゃんと覚えたい」など。

このように，授業後の感想を述べる生徒がスキルを身につけていくことが，実践の目的につながる。それには，生徒に授業の目的を明確に意識させることが重要になる。

❸ 今後の課題

（1）実践上のねらいの焦点化

3年生の進学指導で必要な受験生としての態度やマナーなどをねらい，立ち居振る舞いのスキルに焦点を当て，日常生活の中でいかに定着させるかが大きな課題である。

具体的な標的スキルは，適切な質問をする，適切な言葉をつかう，適切な自己アピール，などである。このようなスキルを身につけることにより，マナーや言葉づかい，そして，困難な状況を回避するスキルにつながっていくとよい。

（2）標的スキルの具体化と選択した根拠の明確化

標的スキルを選んだ根拠を明確にする必要がある。そのためには，学級や学年の生徒の状況をしっかり把握して，生徒のできていない部分を標的スキルに選ぶとよい。そうすれば，生徒は気持ちよくソーシャルスキルを学ぶことができる。

❹ 気をつけたいこと

授業だけの実践では，スキルが身につかないので，学校行事や総合的な学習の時間の体験活動などの必然性と合わせた日常生活と密接な活動が大切である。また，SSEを行う基本は，身につくまで繰り返し教育することである。

引用・参考文献

・埼玉県教育心理・教育相談研究会「社会性を育むためのスキル教育」（中学校3年版）

「適切な言葉づかいを学ぼう」

ねらい ① 敬語の意義と意味を知る。
② 適切な敬語表現を身につける。

(1) 敬語の種類と表現

Aさん → Bさん
Aさん ← Bさん

★食べることにかかわる言葉を敬語にしてみよう。
① 尊敬語…
② 謙譲語…
③ 丁寧語…
④ 美化語… めし→ごはん　うまい→おいしい

(2) 敬語とは？

(3) なぜ敬語を使うのだろう？

(4) 実際に敬語を使ってみよう。
① 見知らぬ人に道を聞くとき…「○○高校へ行きますか」
② 面接官に自己紹介するとき…出身校と名前を言う場合
③ 客に飲み物と菓子をすすめるとき
④ 電話での会話「もしもし、○○(自分の名前)だが、Aはいるか。いたら連絡したいことがあるので呼んでくれ。」
⑤ 敬語の使い方が間違っている部分を正しく直そう。
　a (レストランで客に)「何をいただきますか」
　b (駅のアナウンスで)「A市の佐藤さん、おりましたら改札までおいでください」
　c 私の姉にも教えてあげてください。
　d (先生に)「昨日は、どちらへうかがわれたのですか」
　e (会社からの問い合わせに)「お父さんは、今日は風邪でお休みになっています」

(5) (3)の①から④のせりふを役割にそって演じてみよう。

「マナーを身につけよう」

ねらい ① 高校訪問の際のマナーを理解する。
② きちんとした言葉づかいや態度を身につける。

★訪問時のマナーとして、声の大きさ・目線・表情以外に気をつけることを考えてみよう。

★高校訪問に向けて、どのように対応したらよいか、自分たちでせりふを作ろう。
設定…高校の事務室で会うことを約束していた先生に取り次いでもらう。

中学生「こんにちは、

高校の職員「

中学生「

高校の職員「

中学生「

★友達の訪問の様子を見て、どんなところがよかったか記入しよう。

観点	1組目	2組目	3組目
声の大きさ			
目線			
表情			

第10章　進路指導でのソーシャルスキル教育

自分を表現しよう

ねらい ①面接の受け方がわかり、どんなことに気をつけたらよいか、自分たちでせりふを作る。

★面接を受けるにあたり、どんなことに気をつけたらよいか、さらとした言葉づかいや態度を身につける。

設定……二人の生徒が集団面接を受ける。

面接官「それぞれ、出身中学校名と氏名を言ってください。」
受験生A［　　　　　　　　　　　］
受験生B［　　　　　　　　　　　］

面接官「本校を志望した動機は何ですか。」
受験生A［　　　　　　　　　　　］
受験生B［　　　　　　　　　　　］

面接官「高等学校に入学したら、どんなことにがんばりたいですか。」
受験生A［　　　　　　　　　　　］
受験生B［　　　　　　　　　　　］

私のPRカード

面接官の質問に対して、「伝えたい自分を伝えるための自己表現の練習です。質問に対して、できるだけ簡潔に、わかりやすい答えを考えて書いてみましょう。」

1　あなたの受験番号と氏名、出身中学校を言ってください。
2　あなたは、なぜこの学校に入りたいと思ったのですか。志望の動機を言ってください。
3　あなたの得意教科と苦手な教科を言ってください。
4　あなたの長所と短所を言ってください。
5　中学時代にあなたががんばったことを具体的に言ってください。
6　あなたの将来の夢を言ってください。
7　あなたが最近関心をもったニュースを言ってください。

面接練習　チェックリスト

　　　　　さん
チェックマン（　　・　　）より

1　マナーについて
①入室時のあいさつ
②歩くときの姿勢
③座ってからの姿勢
④話をしているときの視線
⑤質問の受け答えの態度
⑥終了時のあいさつ
⑦退室までの動き

2　受け答えについて
①話し方
②答え方の具体性
③答え方の簡潔さ

3　ここがよかったよ

4　ここを改善してみよう

評価カード

　　　　　　観察者
中学生役

観点	1組目	2組目	3組目
声の大きさ			
目線			
表情			

★友達の面接の様子を見て、どんなところがよかったか記入しよう。

★上記以外のことで気をつけることを考えよう。

第11章 道徳教育でのソーシャルスキル教育

坪内英津子

1年生　道徳　全3回

1 なぜ本実践にソーシャルスキル教育で迫ったか

　学習指導要領によれば，道徳教育のねらいは「道徳性を養う」ことであり，「道徳的実践力を育成する」ことである。しかし，生徒たちを見ていると，授業中の質問などには道徳的に望ましい答えを出せても，実際の場面では道徳的な行動ができない場合がある。希薄化した人間関係の中で育っている生徒たちに対しては，「知識として知っている」から「体験として知る」ことに変換させる必要がある。本実践では，道徳性を育成するという目的で，ソーシャルスキル教育（以下，SSE）を試みた。SSEで行動の仕方を身につけることによって，道徳性や道徳的実践力をはぐくむことをめざしている。

2 本実践のねらい・標的スキルを選んだ根拠

　同世代の人間関係は，その場だけの関心や，自分に都合のよい相手とだけの狭い範囲にとどまっている。また，感情の行き違いや考え方の食い違いから生じる人間関係のトラブルがある。そこで，自分も相手も大切にしながらほかの人とかかわる具体的な方法を学んだうえで，真の友情の尊さについて理解を深めさせていく。

3 全体計画と考え方　全3回

　本実践は，SSEのうちアサーション・トレーニングの手法を用いたものである。問題解決場面でせりふ作りの手順として用いるDESC法を，道徳の教材として使うことを試みている。

	授業の主題	本時のねらい	使用教材
1回	自分も相手も大切にする話し方を知ろう	問題解決場面において、主張的に言いたいことを伝えることができる。	・ワークシート①
2回	言いにくいことを伝える方法を知ろう		・ワークシート②・③ ・「雨の日の届け物（前半）」
3回	友情について考えよう	友情の尊さを理解し、心から信頼できる友達関係を築き上げようとする。 学習指導要領：2-（3）友情	・ワークシート（本教材準拠のもの） ・「雨の日の届け物（全編）」

　本実践は、最初に具体的なスキルを学んでから道徳の授業を行うという計画である。

　第1回の授業は、アサーション・トレーニングの基本原理である対人関係のもち方について理解させることがねらいである。3つの話し方（攻撃的・非主張的・主張的）があること、主張的な言動を身につけることにより円滑な対人関係がもてることを理解させる。問題解決場面における「主張的な」せりふ作りの手順としてDESC法にもふれる。

　第2回の授業では、DESC法を用いて問題解決方法を身につけることがねらいである。道徳副教材「雨の日の届け物」（横山・宇井, 2002）の前半部分を用いる。道徳副教材の文章を使って客観的事実と自分の気持ちを識別させ、その教材に書かれている対話の続きのせりふを考えさせる。各自が考えたせりふを用いてロールプレイを行う。

　第3回では、従来の道徳の授業を行う。「雨の日の届け物」の全編を用いる。これは、学習指導要領の内容項目2-（3）「友情」に相当する。

　生徒たちに具体的なスキルを学ばせたうえで、道徳的価値を「補充・深化・統合」することにより、道徳性や道徳的実践力をはぐくむことを期待している。

※DESC法は、葛藤場面、不慣れな場面、不安がある場面で、言語化を明瞭にするのに役立ち、問題解決の予測のプロセスでもある。次の英語の頭文字を合わせた呼び名である。

D=Describe（相手の言動や状況など、問題にしたいことを描写する）
E=Express, Explain, Empathize（自分の気持ちを表現したり、影響を説明したり、相手の気持ちに共感する）
S=Specify（相手に変えてほしいと望む言動、妥協案、解決案を提案する）
C=Consider, Choose（肯定的・否定的結果の予測をする）

第1回の展開

標的スキル 主張的な話し方

自分も相手も大切にする話し方を知ろう

●本時のねらい

　本時は対人関係のもち方について理解させることがねらいである。まず，問題解決場面の具体例を示し，応答例として3つの話し方「攻撃的」「非主張的」「主張的」があることを示す。それぞれの話し方について，「自分」「相手」のどちらを尊重しているかを考えさせ，自他尊重の「主張的言動」を身につければ円滑な対人関係がもてることを理解させる。次に，3つの話し方の例を示しながら，それぞれが「攻撃的」「非主張的」「主張的」のいずれであるかを考えさせる演習も行う。最後に，問題解決場面での主張的なせりふ作りの手順として，DESC法にもふれる。

●準備物

・スキルのポイントカード（P.159の指導案参照）
・ワークシート①（P.164参照）

●実践の様子と結果

　DESC法を導入するには，問題解決場面での3つの話し方についてきちんと理解させる必要があった。

　それぞれの話し方が，「自分」「相手」のどちらを尊重しているかをていねいに説明すると，主張的な言動の重要性について理解しやすくなった。演習を行い，課題を与えたことも，理解を深めるために効果的であった。

	学習活動と生徒の様子	ポイントと留意点
導入	（1）提示された問題解決場面を見て，自分ならどう対処するか，問題意識をもつ。 「あなたは，自分の家で友達と遊ぶ約束をしていました。ところが約束の時間を1時間も遅れて友人はやってきました。内心イライラしているあなたは，この友人に何と言いますか」 （2）本時の目的を知る。 「友達や家族や先生に対して，言いにくいことをうまく伝えることができますか。相手を尊重しながら，自分の言いたいことを伝えるにはどうすればよいでしょうか」	・問題解決場面に対しての対処の仕方を生徒に尋ね，自由に表現を言わせる。 ・生徒の表現は〈非主張的・攻撃的・主張的〉の3つのカテゴリーに分類しながら，次々と板書していく。
展開	（3）3つの話し方があることを知る。 「みなさんから出された対処行動は，3つに分類することができます。①ひかえめでおとなしい，はっきりしない表現，②いじわるでわがままな表現，③はきはきとしてさわやかな表現，です」 （4）それぞれの話し方の特徴を知る。 「①～③に分類した表現は，自分・相手のどちらを尊重していると思いますか」 **スキルのポイントカード** | | 尊重：自分 | 尊重：相手 | 分類 | |---|---|---|---| | ①ひかえめ | × | ○ | 非主張的 | | ②いじわる | ○ | × | 攻撃的 | | ③さわやか | ○ | ○ | 主張的 | （5）ワークシート①の（1）～（3）を使って，いくつかの問題解決場面とそれに対処する3つの言い方を示す。それぞれどの表現が非主張的・攻撃的・主張的か，演習問題を行う。 （6）ワークシート①の（4）を使って，DESC法についての説明を受ける。 「主張的な表現には，せりふ作りのルールがあります。自分でせりふを作り，主張的な表現を使えるようになります。（4）の場面での主張的な表現を書いてみましょう」 （7）（6）で書いた表現を使って，ロールプレイを行う。 ＜主張的なせりふの例＞ 「1時間も遅れていたので，実はイライラしていたの。遅れるなら，連絡を入れてくれていたらよかったのに」	・できるだけ生徒の出した表現を使って①～③に分類する。 ・生徒に考えさせながら，左の表（スキルのポイントカード）に○×を記入する。 ・①～③の表現は，対人行動として「非主張的」「攻撃的」「主張的」に分類することを示す。 ・主張的な表現が自分も相手も大切にする表現であることを認識させる。 ・DESC法については，次回で詳しく扱うので簡単にふれる。 ・時間がなければ，ワークシートへの記入と代表生徒のロールプレイにとどめる。
まとめ	（8）本時で学んだ内容の確認をする。 （9）次回までに，日常生活の中で見聞きした，「攻撃的」「非主張的」「主張的」な表現を一つずつ書いてくる。	・次回の授業では，道徳の教材を使って，本時の内容をより深めると予告する。

第2回の展開
標的スキル 問題解決場面での話し方

言いにくいことを伝える方法を知ろう

● 本時のねらい

　本時は，DESC法を使って，問題解決場面におけるせりふ作りとロールプレイを行うことにより，主張的な話し方を身につけ，道徳的実践力をはぐくむことがねらいである。道徳副教材の「雨の日の届け物」（横山・宇井，2002）の前編部分（44-45頁）を用いる。副教材の文章を使って客観的事実と自分の気持ちを識別し，その教材に書かれている対話の続きのせりふを考えさせ，ロールプレイを行う。ロールプレイにあたっては，DESC法を語呂合わせで，「み・かん・てい・いな」（鈴木，2004）と覚え，当てはめて考えさせた。

● 準備物

・道徳副教材「雨の日の届け物」
・スキルのポイントカード（P.161の指導案参照）
・ワークシート②，③（P.165参照）

● 実践の様子と結果

　DESC法を使ったロールプレイを行う際，「客観的事実」と「自分の気持ち」のせりふを区別するのは，むずかしいようであった。教材の文章を短冊に記したものを提示しながら，各文章がどちらに該当するかを識別させ，その文章を使ってせりふを作らせると，せりふ作りが多少なりとも容易になった（P.164の板書案参照）。問題解決場面におけるせりふ作りは，大多数の生徒が理解し，ロールプレイを楽しんでいた。定着化を図るには，ふだんの生活場面でも，必要に応じてDESC法を引用してリハーサルする必要がある。

第11章 道徳教育でのソーシャルスキル教育

	学習活動と生徒の様子	ポイントと留意点
導入	（1）前時の課題を発表する。 ・生徒が日常生活で見聞きした「攻撃的」「非主張的」「主張的」な話し方を発表させ，3つの話し方の復習をする。 （2）本時の目的を知る。 ・前時から学んでいる「言いにくいことを伝える」方法を，道徳の教材を使って発展的に学ぶことを伝える。	・できるかぎり多くの生徒に発表させる。どのような状況で聞いたのか尋ねてもよい。
展開	（3）「雨の日の届け物」（前半）を読む。 （4）「わたし」の対人行動を分析する。 ・ひとみに教えてもらえず，ひとり部屋にこもって泣いたときのわたしの態度は？→非主張的 ・「どうしてこの前はあんな態度とったのよ？ すっごいむかつく」は？→攻撃的 （5）「勉強をなかなか教えてくれないひとみに対して，主張的に言いたいことを伝えるにはどうすればよいのでしょうか」という発問について考える。 （6）DESC法の復習をする。 ・ワークシート②とポイントカードを使って説明する。 | D | み | みたこと。客観的事実。 | | E | かん | かんじたこと。自分の気持ち。 | | S | てい | ていあん。お願い。 | | C | いな | 否定された場合を想定した第2案。 | ・第1回の「導入（1）」で示した問題解決場面を使って，上記の型にあてはめて簡単なせりふ作りをしてみせる。 （7）「雨の日の届け物」の「わたし」のせりふの続きを，DESC法に従って考える。 ・短冊の文章を示しながら「客観的事実」か「自分の気持ち」かの識別をする（P.164板書案参照）。 ・短冊の文章を使って，ワークシート②に「わたし」のせりふの続きを書かせる。 ・グループ（生活班）になる。2組になって，「わたし」と「ひとみ」の役を決めてロールプレイを行う。役を交代して再度行う。ほかのメンバーは観察して，フィードバックを与え，ワークシート③に記入する。同様にして，グループの全員がロールプレイを行う。	・前半の場面の絵を提示し，話の内容を想像させてもよい。 ・非主張的な言い方は自分の心の問題解決にならず，対人関係を悪化させることがあると確認する。 ・DESC法は，語呂合わせで，「み・かん・てい・いな」と覚えるよう伝える。 ・本時では，時間の制約上，否定された場合を想定してのせりふ作りは行わない。 ・短冊に教材の文章を記し，「客観的事実」と「自分の気持ち」に分類しながら，黒板に貼っていく。 ・ロールプレイの前半はワークシートに書かれた文を読む。後半は自分で考えたせりふを言う。
まとめ	（8）ワークシート③に振り返りを記入する。 （9）本時の内容は，日常生活の中で，言いにくいことを伝えるときに実践する。	・日常生活の中での実践が対人関係を改善することを伝える。

Part3 中学生へのソーシャルスキル教育の実践

実践の結果

1 実践で留意した点と振り返り

（1）時間設定と，指導順序について

　道徳教育にアサーション・トレーニングを取り入れた本実践のねらいは，道徳の「ねらい」とアサーション・トレーニングの「標的スキル」を同時に達成しようとするものである。

　2つのねらいを同時に達成するには，1時間ではむずかしいと考え，3時間を設定した。第1回でアサーション・トレーニングの基本原理を理解させてから，第2回で道徳教育での実践を行い，第3回で本来の道徳のねらいを達成した。アサーション・トレーニングの基本原理，つまり3つの話し方やDESC法などを一度に理解させることは容易ではない。アサーション・トレーニングの基本原理を理解させたうえで，道徳教育でアサーション・トレーニングを実践することは，課題のスモール・ステップ化を図り，学習効果を高めることが期待できる。

（2）道徳教育でアサーション・トレーニングを取り入れる利点

　筆者は，生活体験の不足等により，対人関係のつまずきを抱える生徒，学校不適応を示す生徒が増加していると実感している。生徒たちがすでに常識として知っている道徳的価値を教えることだけで，現実の多種多様なTPO（時間・場所・状況）に応じた問題解決能力＝道徳的実践力につながるのだろうか，という疑問があった。アサーションとは，「他者の基本的人権を侵すことなく，自己の基本的人権のために立ち上がり，自己表現すること」である。自他尊重の行動の仕方を身につけることを通して，道徳的心情や判断力や態度を育て，結果として道徳的価値を道徳的実践力につなげることができる。同時に，生徒たちの対人関係を円滑にし，ストレスや問題行動を未然に予防・軽減する効果も期待できる。

2 今後の課題

　ロールプレイを行う際に相手に体や顔を向けないなど非言語的なスキルの不十分さが目

についた。基本的なスキルが身についてないのか，思春期心性によるものだろうか。基本的なSSEを事前にやっておくか，フィードバックを与える際に，その点を教師が伝える必要がある。

　また，定着化させることが最も重要な課題である。教師は自ら日常的にモデルを示し，学級内でのトラブルなどが起きた際には，本時で扱った方法を取り上げ，日常生活で繰り返しリハーサルすることが必要である。

　本実践では，DESC法を中心として行動面へのアプローチを行った。しかし，「だれからも好かれなければならない」などという非合理的な思い込みをしていると，意見が言えなくなったり，相手に追従したりするなどの行動を招く。この思い込みを合理的にするには，「だれからも好かれるに越したことはないが，必ず人から好かれるとは限らないし，まして，だれからも好かれなければならないことはない」のように，信念を変えることである。中学生ともなれば，観念的な思考力も芽生えつつあるので，認知面へアプローチすることも可能である。行動面，認知面の両者へのアプローチが，今後の課題である。

引用・参考文献

・相川充・津村俊充（編）『社会的スキルと対人関係』誠信書房，1996年。
・林泰成「道徳教育から見たソーシャルスキル教育：研究委員会企画シンポジウム2　道徳の時間を豊かにする―ソーシャルスキル教育との関連から―」『教育心理学年報』45，2006年，26-27頁。
・平木典子『アサーション・トレーニング』金子書房，1993年。
・石川芳子「ソーシャルスキル教育による道徳の実践：研究委員会企画シンポジウム2　道徳の時間を豊かにする―ソーシャルスキル教育との関連から―」『教育心理学年報』45，2006年，24-25頁。
・園田雅代・中釜洋子『子どものためのアサーション〈自己表現〉グループワーク』金子書房，2000年。
・鈴木教夫「やってみようアサーション（6）」『月刊学校教育相談』2004年9月号，ほんの森出版。
・柳沼良太『問題解決型の道徳授業』明治図書，2006年。
・横山利弘・宇井治郎（監修）『中学生の道徳1　自分を見つめる』暁教育図書，2002年，44-48頁。

ワークシート①

◆次の①〜③の言い方は、攻撃的・非主張的・主張的のどれでしょうか。攻撃的なものには攻、非主張的なものには非、主張的なものには主、と（　）に書きなさい。

(1) 今日はテスト2日前です。親友が「テスト範囲のノートを明日まで貸してほしい」と頼んできました。あなたも、勉強するのにノートが必要です。あなたは言います。

① （　）「あなたは、私の都合なんて考えられないのね。自分の勝手なのね。」
② （　）「それは困るな。早めに言ってくれれば、貸してあげられたんだけど」
③ （　）「そんなに困っているのなら、貸してあげましょうか……（内心困っている）」

(2) お店のレジの前で並んでいると、あなたの前におばさんが割り込んできました。後ろにあなたがいることに気づいていない様子です。あなたは言います。

① （　）「　　　　　　」（腹立たしく思いながらも黙っている）
② （　）「ちょっと！割り込みはやめてください！」
③ （　）「並んでいますけど、列の後ろはここですよ」

(3) 友人と長い間、電話で話しています。そろそろ切りたいと思って、あなたは言います。

① （　）「大変申し訳ないんだけど、キャッチホンが入ったから、電話を切らせてもらうね」
② （　）「ちょっといまやることがあるから、電話を切らないで思わないで〕
③ （　）「もう、君の話にはうんざりだよ、もう切るからね！」

◆次の場面での主張的なせりふを考えて書いてみましょう。

(4) 自分の家で友達と遊ぶ約束をしていました。約束の時間を1時間も遅れて友人はやってきました。あなたは言います。

客観的事実	
自分の気持ち	
提案	

●板書案

雨の日の届け物

● 客観的事実「みたこと」

ひとみは答えない。

また答えてくれない。──もう一度聞いた。

持病のぜんそくのため、ひとみが私に教えてくれると図書館に行った。

そんなとき、ひとみは、教えるとは言ったものの、いざとなったらライバル意識を感じて教えてくれないつもりらしい。いや現にそうだった。

どうも、ひとみは、教えるとは言ったものの……ちっとも教えてくれない。

そう、ひとみのほうから誘ったのだ。……わからなくなってしまっていた。

…パソコンゲームや知らないCDのことなど、ごにょごにょと話している。

● 自分の気持ち「かんじたこと」

私は少しがっかりしたが、──

私は悔しかった。

まったく腹が立つ。

私は胸の奥から怒りがこみ上げてくる感情をやっと抑えて（その場を去った。）

● 主張的なせりふ作り

スキルのポイントカード

み	みたこと 客観的事実	
かん	かんじたこと 自分の気持ち	
てい	提案、お願い	
いな	否定された場合を 想定して2案を	

164

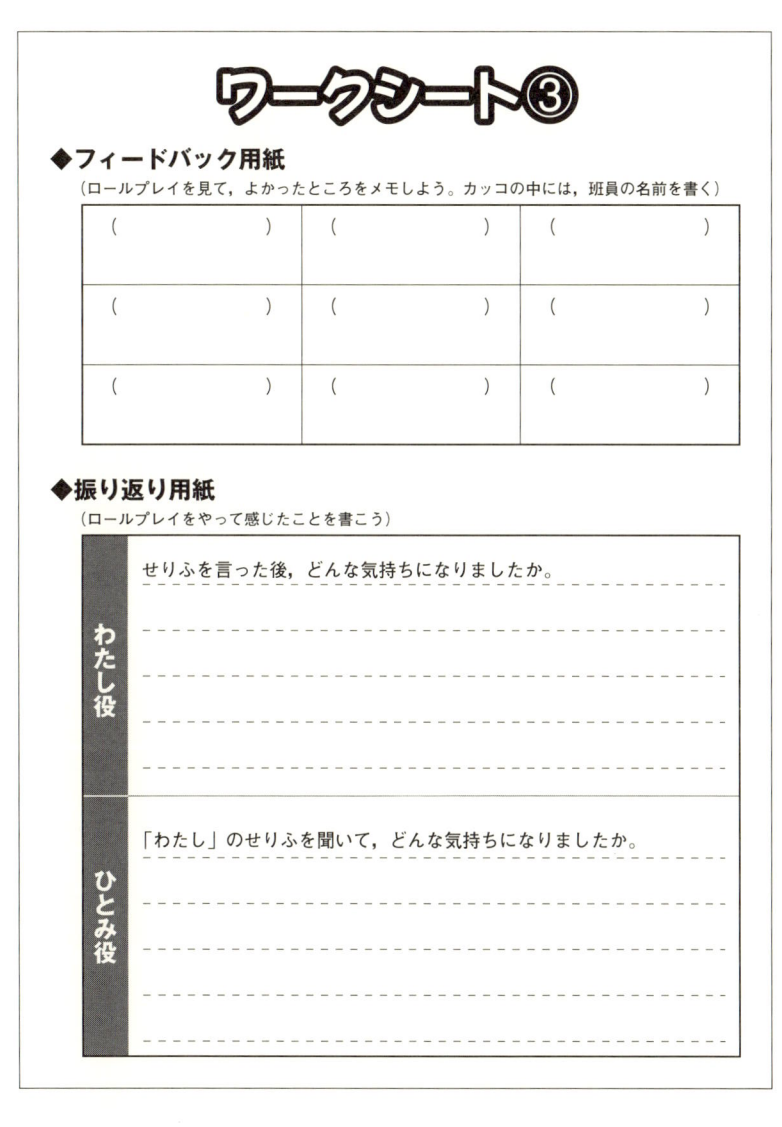

第11章 道徳教育でのソーシャルスキル教育

ワークシート②

わたし	ひとみ				
「理科、どこまで進んだ」 「それじゃこの問題はどうして解けばいいの?」 「そしたらここ[は?]」	「うん、ここまで。」 「──────。(答えない)」 「──── ────。(答えない)」 部活のことだけど、今、さあ────。」				
	「わたし」のセリフの続きを書こう。左の公式に当てはめよう。				
	みたこと。 [客観的な事実を主観を交えずに述べる]				
	かんじたこと。 [自分の気持ちを素直に述べる]				
	ていあん。 [提案、お願い]				
	いな。 [否定された場合を想定した第2案]				

ワークシート③

◆フィードバック用紙
(ロールプレイを見て、よかったところをメモしよう。カッコの中には、班員の名前を書く)

( )	( )	( )
( )	( )	( )
( )	( )	( )

◆振り返り用紙
(ロールプレイをやって感じたことを書こう)

わたし役	せりふを言った後、どんな気持ちになりましたか。
ひとみ役	「わたし」のせりふを聞いて、どんな気持ちになりましたか。

Part 3 中学生へのソーシャルスキル教育の実践

165

本書で使用した尺度　8

自己記入式抑うつ評定尺度

　次の質問を読んでください。わたしたちは，楽しい日ばかりではなく，ちょっとさみしい日も，楽しくない日もあります。みなさんがこの一週間，どんな気持ちだったか，当てはまるものに○をつけてください。よい答え，悪い答えはありません。思ったとおりに答えてください。

		そんなことはない	時々そうだ	いつもそうだ
1	楽しみにしていることがたくさんある	0	1	2
2	とてもよく眠れる	0	1	2
3	泣きたいような気がする	0	1	2
4	遊びに出かけるのが好きだ	0	1	2
5	にげ出したいような気がする	0	1	2
6	おなかが痛くなることがよくある	0	1	2
7	元気いっぱいだ	0	1	2
8	食事が楽しい	0	1	2
9	いじめられていても自分で「やめて」と言える	0	1	2
10	生きていてもしかたがないと思う	0	1	2
11	やろうと思ったことがうまくできる	0	1	2
12	いつものように何をしても楽しい	0	1	2
13	家族と話すのが楽しい	0	1	2
14	こわい夢を見る	0	1	2
15	ひとりぼっちの気がする	0	1	2
16	落ちこんでいてもすぐに元気になれる	0	1	2
17	とても悲しい気がする	0	1	2
18	とてもたいくつな気がする	0	1	2

村田豊久・清水亜紀・森陽二郎・大島祥子「学校における子どものうつ病—Birlesonの小児期うつ病スケールからの検討—」『最新精神医学』1（2），1996年，131-138頁より転載

※集計方法：各項目の得点を加算して個人得点を算出する。得点が高いほど，抑うつの傾向が強いといえる。

※1，2，4，7，8，9，11，12，13，16は逆転項目である。得点を逆にして加算する。

Part 4

感情コントロールをめざすソーシャルスキル教育の実践

第12章 非行予防プログラム

熊本万里子・山崎勝之

1年生　特活・学活　全17回

1 本プログラムとソーシャルスキル教育

　このプログラムは，思春期の生徒たちに起こりうる非行を予防することを目的としており，中学1年生を対象として作成したものである。

　非行少年の性格的特徴をみると，忍耐力・抑制力の弱さ，対人技術の未熟さ，共感性・罪障感の乏しさ（萩原，2000），規範意識の低下（岡部・内山，1998）があげられる。そのほかに，非行と結びつく性格的特徴で重要なものが，自己中心性，攻撃性，そして，常に自分を正当化し自分以外の者に責任を求める原因帰属があげられる。これらの背景には，希薄な対人関係，表面的な仲間関係，複雑な家庭環境や地域社会の状況などの外的要因があげられる。これらのさまざまな要因が絡み合って，非行が発生する。

　これらすべての解決は学校だけでは不可能である。本プログラムでは，学級集団での解決が可能な要因に着目して構成した。本プログラムの中には，さまざまな技法を取り入れた。特に感情面や行動面は，ソーシャルスキルの獲得が重要な課題である。そこで感情面では，感情の処理方法や行動の仕方をスキルとして身につけさせ，行動面では，仲間とのコミュニケーションで，主張的に拒否するスキルを身につけさせた。

2 本実践のねらい・標的スキルを選んだ根拠

　本実践は，最終的に非行の予防がねらいである。そこで，非行の要因となる3つの側面（認知面，感情面，行動面）からのアプローチを考えた。

　認知面では，非行にかかわる場面設定の資料をもとに考えさせ，認知的共感力の向上を

行うことで自己中心性の改善を図る。いっぽうで，悪い行いをした場面での自分自身への原因帰属力を向上させることで，他者から自分への原因帰属の改善を行う。

感情面では，「カーッ」となったときの怒りをコントロールするためには，その方法を知り，活用できることが必要と考えた。そこで，種々の怒り感情コントロール法の習得を行う。

行動面では，仲間からの悪い誘いを断ることができない少年の現状を考え，非行の誘いへの主張的拒否スキルの習得を行うことで，実際の場面でもうまく拒否できるのではないかと考えた。

❸ 全体計画と考え方　全17回

本プログラムは「①他者の立場になって考えられるようになろう。②「カーッ」となったときの気持ちのコントロールができるようになろう。③友達の悪い誘いを断ることができるようになろう」を非行予防の3つのポイントとして学習を展開した。学習内容は，認知面については，道徳的資料をもとに考え，心に働きかけていくものを用いた。感情面，行動面については，単なる知識の伝達にとどまらず，スキルの体得を目標としている。

本プログラムは，知識の習得，討論，スキルの活用場面の設定，ロールプレイ，自己モニタリング，シェアリング等が必要であり，第1次から第4次まで4段階を設定した。しかし，必ずしもこの順番にしなければならないというものではない。授業のつながりを考えながら，認知面，感情面，行動面を混交しながらの実施も可能である。

回	領域	目標
1・2回	第1次：導入	・基礎的知識の習得と教育参加への動機づけおよび対人的なリレーションを高める
3～8回	第2次：認知面	・認知的共感力（他者の視点・役割取り）の向上 ・悪い行いをした場面での，自分自身への原因帰属力の向上 　（ディレンマ討論法，グループディスカッション）
9～11回	第3次：感情面	・種々の怒り感情コントロール法の習得 　（深呼吸法，カウントダウン法，心地いいイメージ，リマインダー，ストップ法） 展開アリ!
12～17回	第4次：行動面	・非行の誘いへの主張的拒否スキルの習得 　（ロールプレイ） 展開アリ!

第10回の展開

標的スキル 怒りをコントロールする

怒りのコントロール法を知ろう！

● 本時のねらい

　前時では，過去に怒りが生じた場面を思い出し，自分がどのような行動に出たか，その結果どうなったかを思い出させ，怒りをコントロールすることの必要性を学んだ。そこで本時は，5つの怒り感情コントロール法を知り，これらをうまく組み合わせながら怒りを処理していく方法を身につけることをねらいとする。さらに，宿題として活用することを知らせ，変化を記録用紙に記録することで自己モニタリングを行わせる。

● 準備物

・ワークシート①（実践時は2枚に分けた。P.176参照）
・宿題シート（実践時は前半とグラフの2枚に分けた。P.176参照）

● 実施上の工夫と留意点

　ここでの工夫は5つの怒り感情コントロール法を「急ブレーキ（第1段階）」「コントロール（第2段階）」「リフレッシュ（第3段階）」の段階に分けて活用した。さらに第3段階の「リフレッシュ」は第2段階に含めてもよいことにし，「急ブレーキ」から「リフレッシュ」に移ることも可能にした。そうすることで，自分たちの好みに応じて活用パターンを選択できるようにした。実際の場面で，どのような方法を使ったのかについては宿題シートに記録させ，効果を客観的にとらえるようにした。この結果については教師が目を通し，コメントを加えることにより，活用意欲の促進につなげた。さらに，活用結果をグラフ化することによって，使用回数と変化の度合いを比較できるようにした。ただし，怒りが生じる段階では，どのような活用方法を行ったのかを発表させ，効果を確認しながら継続的な活用につなげた。

第12章　非行予防プログラム

	学習活動と生徒の様子（教師：○，生徒：◆）	ポイントと留意点
導入	（1）5つの怒り感情コントロール法を知る。 ・リマインダー，ストップ法，深呼吸法，カウントダウン法，心地よいイメージの5つの「怒りをコントロールする」スキルを知り，理解する。 ・「怒り感情コントロール法の紹介」を用いて，それぞれの方法について説明する。	・「怒り感情コントロール法の紹介」を用いて，それぞれの方法について説明する。
展開	（2）5つの「怒りをコントロールする」スキルを試してみる。 ・5つのスキルをひととおり行い体感する。 ◆教師の声に反応しながら，次々に試していく。 （3）コントロールスキルの組み合わせ方を知る。 > 第1段階　急ブレーキ…ストップ法，リマインダー > ・カーッとした状況になったとき，感情の高まりをこれ以上にさせないようにするもの > 第2段階　コントロール…深呼吸法，カウントダウン法 > ・感情の高まりを少しずつ落ち着かせるもの > 第3段階　リフレッシュ…心地よいイメージ法 > ・怒りの感情を異なったよい印象のほうに転換するもの ○「このコントロール方法は，組み合わせによって使いやすくなり，効果も変わります。実際に試してみましょう」 ・怒りの場面を思い出して段階ごとに一つずつ選んで組み合わせてみる。 ○「怒りの程度によっては，第3段階を第2段階に入れて，第1から第3に進んでもよいです」 （4）リマインダー，心地よいイメージの内容を記入する。 ○「自分にどんな言葉かけをして，どんなことを想像するのか考えてみましょう。それぞれ自分にいちばんしっくりくる言葉で書いてください。書けたら，練習してみましょう」 ◆「リラックス，リラックス」「待て待て」「気にするな」	・怒りを生じた場面を思い出し（想定して）一つずつ試す。 ・この中には「カーッ」としたときにすぐ使うには，使いにくいものがあることに気づかせる。 ・ワークシート①を配布する。 ・各段階に2つあるところは，好きなほうを選んでよい。 ・ワークシート①に記入させる。 ・各自で練習させる。
まとめ	（5）いろいろな場面で使って，身につける。 ・宿題として，怒りを感じた場面でやってみる。 ・宿題シートの記入の仕方を知る。 ◆がんばって使ってみようと思う生徒，大丈夫かなと不安に思う生徒の様子が見られる。 > ＊記録した用紙はなくさないようにまとめる。 > ＊2～3日おきに提出し教師に状況をチェックしてもらう。 ○「なるべく多くの場面で使ってみてください」 （6）コントロールスキル活用発表会について知る。 ○「次は，活用発表会をします。今日学んだコントロール方法を，どう使えるか，みなさんに発表してもらいます」	・宿題シート（5～6枚程度）の配布。 ・実際の場面で活用しシートに記入し，変容を見ることを知らせる。

Part 4　感情コントロールをめざすソーシャルスキル教育の実践

第14回の展開

標的スキル きっぱり断る

友達の悪い誘いを断るシナリオを作り，スキルを身につけよう

● 本時のねらい

　これまで生徒たちは，友達からの悪い誘いを断ることの必要性，友達の悪い誘いを断るときはアサーティブ・メッセージを用いることを学んだ。そこで本時は，誘う者1人，誘われる者1人を条件として，友達からの悪い誘い（非行へつながる）を受ける場面を想定し，その誘いを断るシナリオを作成して，ロールプレイでスキルを身につけることを目的とする。その後，グループから，悪い誘いを受ける場合のシナリオを作り，ロールプレイでそのときの気持ちを体感させながら，スキルの習得を図る。

● 準備物

・ワークシート②（P.177参照）
・ワークシート③（P.177参照）

● 実施上の工夫と留意点

　事前に人間関係を考えた同性のペアをつくっておく。このペアでシナリオ作成を行い，ロールプレイをする。シナリオ完成までは，生徒各人が作る断り言葉が，アサーティブ・メッセージで作られているかどうか確認することが必要になる。

　初めは，仲間同士でコメントをもらいながらシナリオを確認し，最終的に教師が目を通してロールプレイの許可を与える。ロールプレイのときは，役になりきることやメッセージを交換するときの気持ちや感じを体感することを伝え，交代して互いの役を演じさせる。演技中の様子をビデオで録画して，意欲の喚起を図ると同時に，次時の導入として活用する。演技終了後，「悪い誘いを断ったとき」「悪い誘いを断られたとき」の自分の気持ちを自己モニタリングさせることを忘れてはならない。また，このときの気持ちを発表させ，アサーティブ・メッセージを用いて，主張的に断ることのよさを再認識させる。

	学習活動と生徒の様子（教師：○，生徒：◆）	ポイントと留意点
導入	（1）本時の学習内容を知る。 ○「今日は，2人組で友達から悪い誘いを受け，断る場面のシナリオを考え，ロールプレイをしてみます」 ・本時の活動の流れを知る。	・ロールプレイについての説明をする。
展開	（2）シナリオを作るにあたっての注意点を知る。 ・友達も1人，あなたも1人の状態で悪い誘いを受ける。 ・悪い誘いをアサーティブ・メッセージで断る。 ・悪い誘いのテーマは「非行」に関係しているもの。 ○「シナリオの作り方でわからないところなどがあったら質問してください」 （3）シナリオを作る。 ・ペアに分かれてシナリオを作る。 ◆意見交換をしながらシナリオ作成を行っている。うまく案が出るペアと，そうでないペアがいる。 （4）情報交換をする（情報交換タイム）。 ・自分たちが作ったシナリオの言葉がアサーティブ・メッセージになっているか，2人以上から意見をもらう。 ○「必ずコメントを書いてもらってください。最後は必ず先生に見せて，OKのサインをもらってください」 （5）ロールプレイをする。 ・以下のロールプレイのポイントを知る。 ・学習したことを使って，起こりそうな場面を設定して演じてみることによって，そのやり方を身につける。 ・役になりきって気持ちを込めて演じる。 ・メッセージを交換するときの感じや気持ちを体感する。 ・自分たちのシナリオをもとに，交代でロールプレイする。 （6）自己モニタリングする。 ・それぞれの役をしてみて感じたことをまとめる。	・注意点は掲示できるようにし，注意点に従って，2人で一緒にシナリオ作成を行わせるようにする。 ・ワークシート②を配布し，例を参考にさせる。 ・作成されたシナリオには途中目を通し，大きな修正が必要なものは修正させる。 ・ポイントを提示する。資料として配ってもよい。 ・ビデオ等でロールプレイの様子を記録する。 ・ワークシート③を配布し，記録させる。
まとめ	（7）感じた気持ちを発表する。 ・自分たちの気持ちを言葉でみんなに伝える。 ◆「やっぱり，アサーティブ・メッセージで断ったほうが気持ち的にもいいんだ」 （8）次時の学習内容を知る。 ○「次は，誘う側が数人のグループだった場合を考えます」	・数人に発表してもらい，気づきがあればそれも発言させる。特に悪い誘いを断られたときの気持ちは攻撃的に断られたときと比較させる。

実践の結果

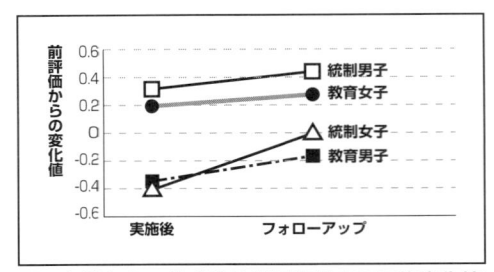

図　友達からの共感性仲間評定得点の平均変化値

❶ 評定結果の比較と振り返り

　非行の傾向を調べるために，非行質問紙（P.178参照）を作成し使用した。認知面の変化は，澤田・齊藤（1996）を参考に作った認知的共感性質問紙（P.179参照）と仲間評定，原因帰属は仲間評定で調べた。感情面の怒りの測定は，自記式の中学生用攻撃性質問紙（HAQS）（嶋田・神村・宇津木・安藤，1998。P.180〜181参照）と「『カーッ』となったとき，大声を出したり，人や物にあたったりする」という質問項目への仲間評定で行った。行動面の主張性の変化は，「友達から悪い誘いを受けたとき，落ち着いて，きちんと断ることができる」という質問項目への仲間評定のみで行った。これらは，教育クラスと統制クラスを設定し，実施前，実施後，フォローアップ時に測り，比較検討した。

　その結果，非行質問紙の項目「たばこを吸わない」「学校のものをわざとこわさない」「金をもらうために男（女）の人と付き合わない」「人をなぐってけがをさせない」は男子で，「万引きをしない」「自転車やバイクを盗まない」は女子で，「シンナーを吸わない」は男女で非行傾向が低減し教育効果が期待されたが，統計的な効果は確認できなかった。万引きと薬物乱用は，資料に取り上げた内容だったので，意識的に低減されたと思われる。

　認知的共感性は，図のように共感性仲間評定で女子のプログラム実施後の共感性得点が増加し，統計的にも教育効果が確認できた。教育効果の持続性は，望ましい結果がみられたが，統計上は確認できなかった。友達からの怒り感情仲間評定は，男子の教育効果が確認された。女子は，フォローアップ時に教育効果が確認できた。認知面の原因帰属と行動面は，統計上の教育効果・持続性とも確認できなかった。

❷ 実践で留意した点と振り返り

　今回留意したことは，この学習が非行予防のために行っているということであった。内容も非行にかかわる場面に限定した。その結果，統計的には教育効果が確認できなかったものの，プログラムで扱った薬物，万引き，悪い行いへの誘いに対する反発の意識は高ま

ったと考えられる。展開例で紹介した怒りをコントロールするスキルは，活用することで効果が上がる。生徒たちが宿題としてどれだけ使ってくれるかが心配だった。実際に6回使った生徒がいたので，調べた結果，攻撃性の低減につながっていた。どれだけ使うかが効果の鍵を握っていると言える。主張的スキルは，仲間評定で短期間での仲間の変化をとらえることがむずかしかったと思われるが，アサーティブ・メッセージの有効性の確認や実際場面においてスキルを使っていこうとする意欲を高めることはできた。さらに，うまく使えるようになるために，長期的なスパンでスキル獲得の時間を設定する必要がある。

❸ 実践で留意した点と振り返り

非行予防プログラムの評価における統計分析では，満足のいくような結果は示されなかったが，いくらかでも望ましい変化がみられたことは，このプログラムの教育効果の可能性を示すものである。さらに充実させるためには，「怒りをコントロールする」「きっぱり断る」スキルの定着や般化を十分に行えるようにしなければならない。また実践を通して感じたことは，生徒たちにコミュニケーション能力を身につけさせていかなければならないということである。さらには，他者との信頼感を育てていくことが必要であると感じた。

引用・参考文献

・荒木紀幸（編著）『モラルジレンマ資料と授業の展開　中学校編』明治図書，1990年。
・萩原惠三（編著）『現代の少年非行—理解と援助のために—』大日本図書，2000年。
・平木典子『アサーション・トレーニング』金子書房，1993年。
・平木典子『自己カウンセリングとアサーションのすすめ』金子書房，2000年。
・岡部亮一・内山絢子「少年の規範意識に関する研究」『犯罪心理学研究』36（特別号）1998年，30-31頁。
・澤田瑞也・齊藤誠一「共感性の多次元尺度作成の試み（2）」『日本教育心理学会第38回総会発表論文集』1996年，68頁。
・嶋田洋徳・神村栄一・宇津木成介・安藤明人「中学生用攻撃性質問紙（HAQS）の作成（2）—因子的妥当性・信頼性・因子間相関・性差の検討—」『日本心理学会第62回大会発表論文集』1998年，931頁。
・R.ウィリアムズ／V.ウィリアムズ，河野友信（監修），岩坂彰（訳）『怒りのセルフコントロール』創元社，1995年。

ワークシート①

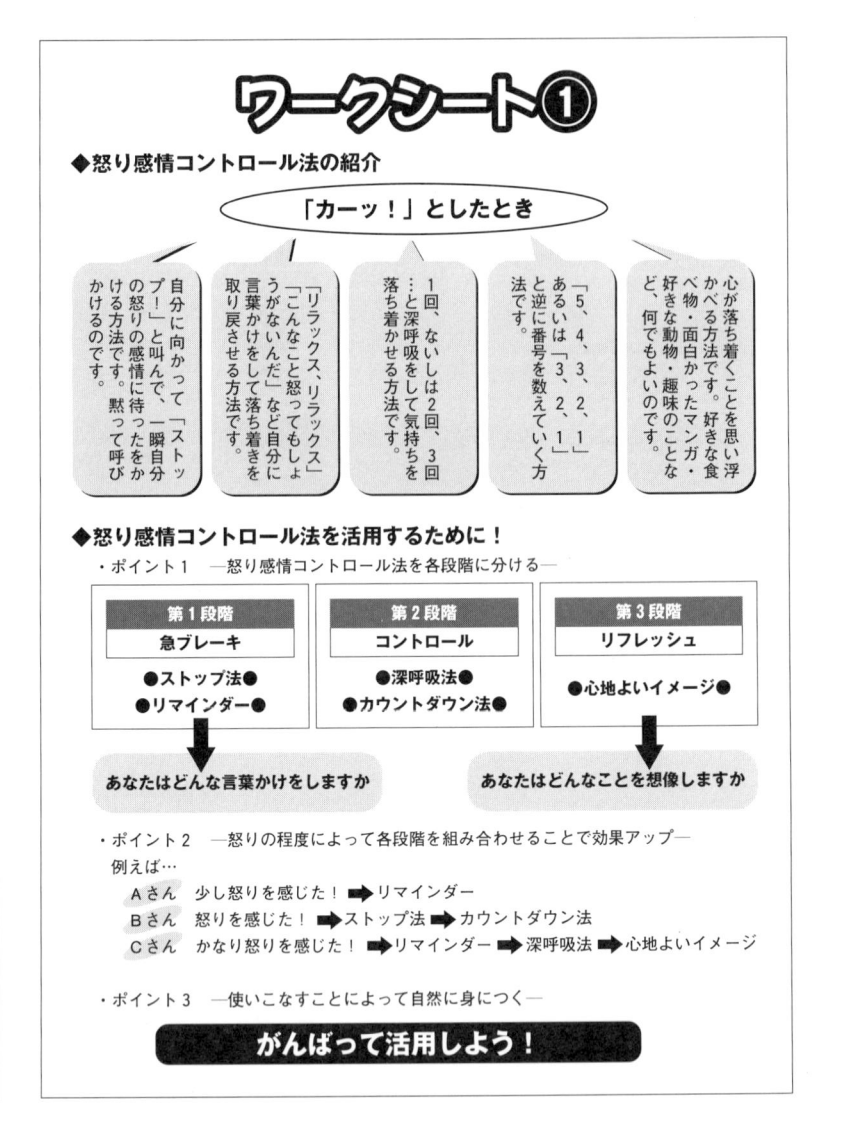

◆怒り感情コントロール法の紹介

「カーッ！」としたとき

- 「ストップ法」
  怒りを感じた瞬間に自分に向かって「ストップ」と叫んで黙って目を閉じて気持ちを落ち着かせる方法です。

- 「リマインダー」
  取り決めておいた言葉をかけることで怒った気持ちを落ち着かせる方法です。

- 「深呼吸法」
  落ち着くまで1回、2回、3回…と気持ちが落ち着くまで深呼吸をする方法です。

- 「カウントダウン法」
  あるとき5、4、3、2、1と逆の順番で数を数えていく方法です。

- 「心地よいイメージ」
  心が落ち着くべき方法です。好きな動物・好きな食べ物・面白かったこと・嫌いな味のこと…何でもよい、すごく好きなこと。

◆怒り感情コントロール法を活用するために！

ポイント1 — 怒り感情コントロール法を各段階に分ける

第1段階 急ブレーキ	第2段階 コントロール	第3段階 リフレッシュ
●ストップ法 ●リマインダー	●深呼吸法 ●カウントダウン法	●心地よいイメージ

あなたはどんな言葉かけをしますか　　あなたはどんなことを想像しますか

ポイント2 — 怒りの程度によって各段階を組み合わせることで効果アップ！

例えば…
- Aさん　少し怒りを感じた！ → リマインダー
- Bさん　怒りを感じた！ → ストップ法 → カウントダウン法 → 心地よいイメージ
- Cさん　かなり怒りを感じた！ → リマインダー → 深呼吸法 → 心地よいイメージ

ポイント3 — 使いこなすことによって自然に身につく

がんばって活用しよう！

宿題シート

回目　　年　　組　　氏名

1. どんな場面で怒りを感じましたか。
   _____場面で

2. あなたが使った怒り感情コントロール法と同じ方法を選んで、記号を書きましょう

急ブレーキ	コントロール	リフレッシュ
●ストップ法 ●リマインダー	●深呼吸法 ●カウントダウン法	●心地よいイメージ

第1段階　　　　第2段階　　　　第3段階

3. あなたのその怒りはどのようになりましたか。当てはまるところに○をしましょう。
   ＊注意：100を基準（ピークの時の怒り感情）

   0　10　20　30　40　50　60　70　80　90　100
   　　　　　　　　　　　　　　　　　　　　　　　基準
   怒りは弱くなった

4. 怒り感情コントロール法を使ってみた感想を書きましょう

5. 怒り感情の状態を記録し、感情の変化を見ましょう

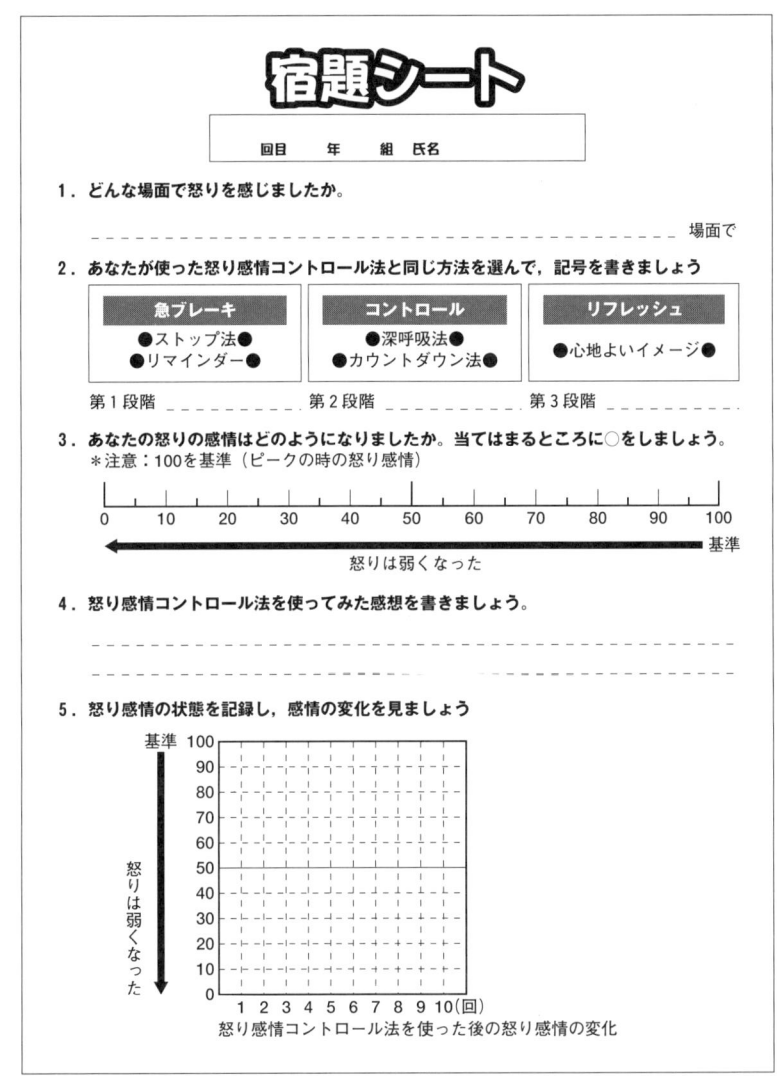

   怒りは弱くなった
   基準 100
   90
   80
   70
   60
   50
   40
   30
   20
   10
   　　1　2　3　4　5　6　7　8　9　10（回）
   怒り感情コントロール法を使った後の怒り感情の変化

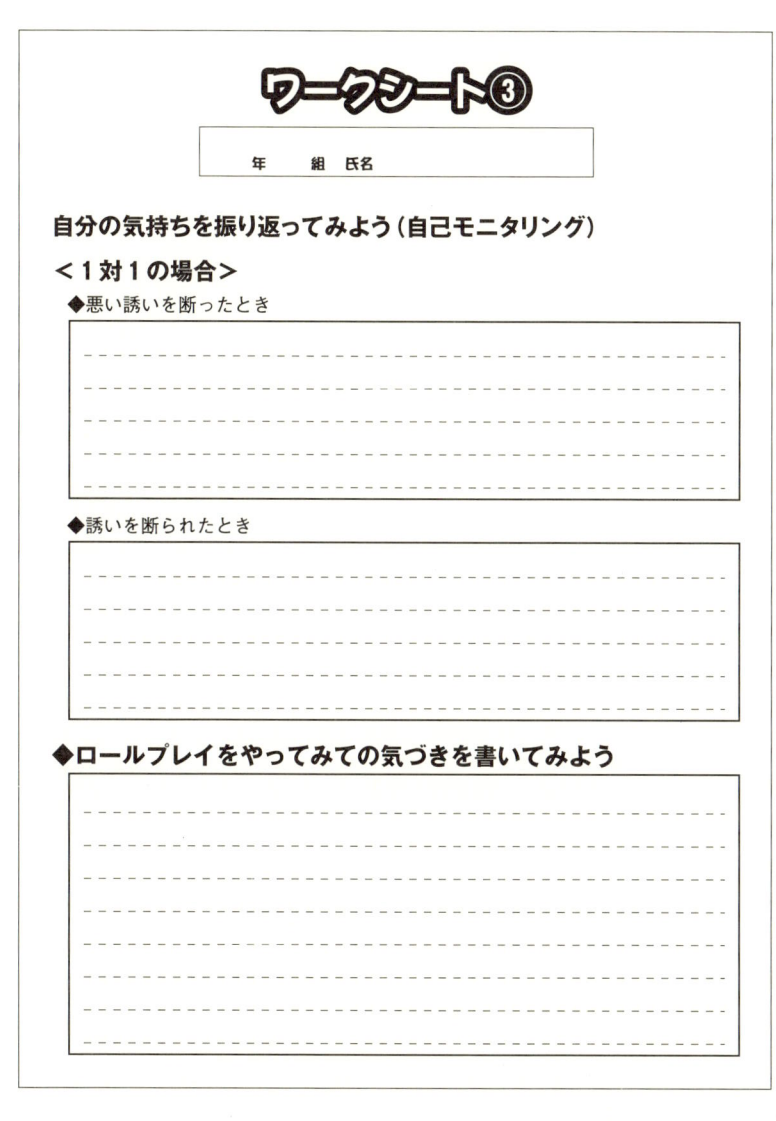

第12章　非行予防プログラム

ワークシート②

悪い誘いを断る場面のシナリオを作ろう
<例>

学校帰りに友達に恐喝を誘われる　という場面

発言者	せりふ
オサム	「何か今日面白くなかったからさ、ゲームでも行かないか」
ユウジ	「お金持ってないんだ」
オサム	「金なら、あそこにいる気弱そうなやつからまきあげればいいさ。さあ、行くぞ」
ユウジ	「そんなこと言われても困るよ。悪いけど、そんなことしたらかわいそうだから、ぼくはしたくないよ」

◆作ってみよう

　　　　　　　　　　　　　　　　という場面

発言者	せりふ

◆友達からのコメント

（　　　）さん

（　　　）さん

◆先生から

修正しよう　・　OK

ワークシート③

年　組　氏名

自分の気持ちを振り返ってみよう（自己モニタリング）

<1対1の場合>

◆悪い誘いを断ったとき

◆誘いを断られたとき

◆ロールプレイをやってみての気づきを書いてみよう

Part4　感情コントロールをめざすソーシャルスキル教育の実践

本書で使用した尺度　9

非行質問紙

書き方

　この質問紙は，さまざまな行いに対するあなたの気持ちを尋ねるものです。
　以下には，いくつかの質問項目があります。
　あなたは現在，それぞれの項目に示すように，どれほど自信をもって「そのような行いをすることはない」と考えますか。あなたの考えにもっとも当てはまると思われるところに，一つ○をつけてください。回答は人によって違いますので，正しい回答や間違った回答というものはありません。また，この結果は他人にもれることはなく，プライバシーは守られます。安心して，あなたの気持ちを，正直に，感じたままに書いてください。
　一つの項目も抜かさず，すべての項目にありのまま答えてください。

		まったく自信がない	あまり自信がない	どちらともいえない	少し自信がある	非常に自信がある
例	うそはつかない				○	
1	たばこを吸わない					
2	学校のものをわざとこわさない					
3	無免許でバイクを運転しない					
4	万引きをしない					
5	シンナーを吸わない					
6	お金をもらうために男（女）の人と付き合わない					
7	人をなぐってけがをさせない					
8	自転車やバイクを盗まない					
9	お酒を飲まない					
10	人をおどしてお金をとらない					

※本尺度は，第12章の実践に合わせて，熊本万里子・山崎勝之が作成した。
※集計方法：まったく自信がない（1点），あまり自信がない（2点），どちらともいえない（3点），少し自信がある（4点），非常に自信がある（5点）とし，各項目の得点を加算して個人得点を算出する。得点が高いほど，非行傾向は低いといえる。

本書で使用した尺度　10

認知的共感性質問紙

以下にいくつかの質問がならんでいます。

あなたは，その質問の１つ１つを順番に読んで，書かれていることが，あなたにどれほどあてはまるか考えてみてください。

そして，「とてもよくあてはまる」
　　　　「よくあてはまる」
　　　　「あまりあてはまらない」
　　　　「まったくあてはまらない」

のうち，あなたにぴったりするものを１つ選んで，〇をつけてください。ここでは，正しいとか，まちがっているとかは，関係ありません。

気軽にどんどん〇をつけてください。

どの質問もとばさないで，全部の質問に答えてください。

		まったくあてはまらない	あまりあてはまらない	よくあてはまる	とてもよくあてはまる
例	テレビをみるのが好きだ。			〇	
1	友だちをよく理解するために，友だちの立場になって考えようとする。				
2	ある人が苦しんでいるとき，その人の立場を考えてみることで，その人の気持ちをわかろうとする。				
3	人の意見に反対する前に，もし自分がその人であったらどう思うであろうかと考えるようにしている。				
4	ある人が悩んでいるとき，その人の立場に立っていっしょに考えようとする。				
5	ある人が何かに感動した話をしているとき，そのときのようすを思い浮かべることで，その人の気持ちを理解しようとする。				
6	ある人にいやな気分にされても，その人の立場になって考えてみようとする。				

※本尺度は，澤田・齊藤（1996）らが作成した共感性の多次元尺度を参考に，中学生用に適用できる内容に修正を行い，熊本万里子・山崎勝之が６項目からなる共感性尺度を作成した。

※集計方法：まったくあてはまらない（１点），あまりあてはまらない（２点），よくあてはまる（３点），とてもよくあてはまる（４点）とし，各項目の得点を加算して個人得点を算出する。得点が高いほど，共感性が高いといえる。

※参考文献：澤田瑞也・齊藤誠一「共感性の多次元尺度作成の試み（２）」『日本教育心理学会第38回総会発表論文集』1996年，68頁

本書で使用した尺度　11

中学生用攻撃性質問紙（HAQS）

次にいくつかの質問がならんでいます。
あなたは，その質問の1つ1つを順番に読んで，書かれたことが，あなたにどれほどあてはまるか考えてみてください。
そして，「とてもよくあてはまる」
　　　　　「よくあてはまる」
　　　　　「あまりあてはまらない」
　　　　　「まったくあてはまらない」
のうち，あなたにぴったりするものを1つ選んで，○をつけてください。
ここでは正しいとかまちがっているとかは関係ありません。
気軽にどんどん○をつけてください。
どの質問もとばさないで，全部の質問に答えてください。

	例	まったくあてはまらない	あまりあてはまらない	よくあてはまる	とてもよくあてはまる
1	テレビやビデオを見るのが好きだ				○
2	夜は9時までにねるようにしている			○	
3	わたしは寒がりな方だと思う	○			

	○それでは，始めてください。	まったくあてはまらない	あまりあてはまらない	よくあてはまる	とてもよくあてはまる
1	友だちとかんがえがあわない時，自分のかんがえをとおそうとする				
2	いやな時はいやだとはっきり言う				
3	たたかれたりけられたりしたらかならずやりかえす				
4	友だちとけんかをすることがある				
5	友だちにばかにされているかもしれない				
6	友だちのかんがえにさんせいできない時ははっきり言う				
7	じゃまする人がいたらもんくを言う				
8	すぐにおこるほうだ				
9	からかわれたらたたいたりけったりするかもしれない				
10	すぐにけんかをしてしまう				
11	人からばかにされたりいじわるされたことがある				
12	自分をまもるためならぼうりょくをふるうのもしかたない				
13	かっとなってもすぐにおさまる				
14	友だちのなかにはいやな人が多い				
15	ちょっとしたことではらが立つ				
16	ふだんなかよくしていても本当にこまった時たすけてくれない友だちもいると思う				
17	人にらんぼうなことをしたことがある				
18	たたかれたらたたきかえす				

19	やりたいとおもったことはやりたいとはっきり言う				
20	本気でいやだとおもう人がたくさんいる				
21	わたしのわるぐちを言う人が多いとおもう				
22	どんなことがあっても人をたたいたりけったりしてはいけないとおもう				
23	よく口げんかをする				

嶋田洋徳・神村栄一・宇津木成介・安藤明人「中学生用攻撃性質問紙（HAQS）の作成（2）―因子的妥当性，信頼性，因子間相関，性差の検討―」『日本心理学会第62回大会発表論文集』，1998年，931頁より転載

※集計方法：まったくあてはまらない（1点），あまりあてはまらない（2点），よくあてはまる（3点），とてもよくあてはまる（4点）とし，各項目を加算して個人得点を算出する。得点が高いほど，攻撃性が高いといえる。

※13，22は逆転項目である。また，次の項目の得点を加算して，各下位尺度得点を算出できる。①身体的攻撃（3，9，12，17，18，22），②敵意（5，11，14，16，20，21），③言語的攻撃（1，2，6，7，19），④短気（4，8，10，13，15，23）。

第13章 対人不安予防プログラム

石川信一

全学年　道徳・学活・総合　全8回

1 なぜ本実践にソーシャルスキル教育で迫ったか

　本章では，対人的な不安を対象としたソーシャルスキル教育（以下，SSE）について紹介する。ほかの章とは違い，対人不安を対象とした実践例がまだ少ないので，欧米で中学生向けに行われているプログラムを参考にしながら，これから中学校において広く実践が期待されるプログラムについて述べていきたい。

　対人不安の高い生徒は，学級で「初対面の人と仲よくするのがむずかしい」「クラスの前で話ができない」「先生や目上の人との会話がむずかしい」「集団の中で過度に目立たないようにしている」「歌のテストや体育の実技テストなどが緊張のためできない」といった問題を抱える。また，対人不安を抱える生徒は，人間関係がうまくいかず，学業活動やその他の学校生活で問題を抱え，深刻な抑うつ状態となってしまう場合がある。このような不安が著しく，楽しく充実した日常生活が送れなくなっている場合，社会不安障害（DSM-IV-TR。高橋ら，2002）と呼ばれる状態になる。

　本章で紹介するプログラムは，生徒が社会不安障害にいたるのを防止することを目的としている。社会不安障害の平均発症年齢は10代半ばとされていることから（DSM-IV-TR。高橋ら，2002），中学生への介入が時期として最適であるといえよう。

2 本実践のねらい・標的スキルを選んだ根拠

　対人不安の改善をめざしたSSEでは，聴くスキル，参加スキル，会話スキル，主張性スキルなどが共通して標的スキルとなっている（Beidel et al., 2000; Masia-Warner et al.,

2005; Spence et al., 2000)。そこで，本プログラムではこの4つのスキルを標的スキルとした。

③ 全体計画と考え方　全8回

　対人不安の改善を目的として，SSEを用いる場合，2つの点に注意が必要である。第1に，実施形式の問題がある。対人不安の改善を目的とする場合，そのような不安をある程度感じている生徒を対象とする必要がある。したがって，事前に対人不安の高い生徒を把握しておかなければならない。本章では，対人不安を感じている生徒を選抜し，個人・小グループ形式をめざしたプログラムの計画を提案する。このような形式ではプログラムの運営はしやすくなるが，ある一群の生徒を選び出すことについて「生徒を必要以上に特別扱いしている」と教師や親が考える場合，実施がむずかしいかもしれない。その場合は，本プログラムの目的を対人不安の予防として，クラス全体を対象として実施してもよい。

　第2に，不安や恐怖を感じる場面や状況に，生徒を「さらす」手続きが必要となる。この手続きをエクスポージャー（Exposure：暴露）と呼ぶ。すなわち，生徒が不安を感じている状況にあえて直面させるのである。例えば，人前で話すことが苦手な生徒である場合は，クラスでスピーチを行うといったエクスポージャーが考えられる。つまり，対人不安の改善を目的とする場合，ソーシャルスキルの学習とは別に，プログラムで学んだスキルを使って，自分の苦手な場面に挑戦するエクスポージャーの時間を設ける必要がある。このエクスポージャーが対人不安の改善を目的としたプログラムの特徴的な時間である。

	標的スキル	授業内容	
1回	聴くスキル	**上手な聴き方** ・聴くスキルを使おう（宿題）	
2回	参加スキル	**上手に参加するためには？** ・参加スキルを使おう（宿題）	
3〜5回	会話スキル	**どのように会話を始める？　続ける？　終わらせる？** ・会話開始スキルを使おう（宿題）	展開アリ！
6回	主張性スキル	**上手に自分の意見を言うには？** ・主張性スキルを使おう（宿題）	
7・8回	エクスポージャー	**苦手な場面に挑戦してみよう！**	展開アリ！

第3回の展開

標的スキル　会話スキル

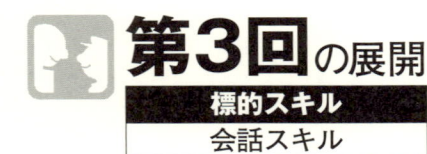

どのように会話を始める？終わらせる？

● 本時のねらい

　対人不安の高い生徒は，会話の始め方がわからず，他人に話しかけるのがむずかしいことがある。この時間では，会話には①開始，②維持，③終結の3段階があることを学び，会話の始め方，会話の維持の仕方，会話の終わらせ方を学ぶことをねらいとする。

● 準備物

・めあてカード，ポイントカード，さいころ，会話のテーマカード（さいころの目に合わせてどんな場面で会話するのかを示したカード。「始め方」と「加わり方」の2種類）
・振り返りカード（P.190参照）

● 展開の概要

　導入では生徒にテーマを与え，それについて会話をさせ，会話スキルを学ぶ動機づけを高める。まず，会話を始める段階を練習すると伝える。次に，会話を始める場面のロールプレイを通して，どのようなスキルを使うと上手に会話を始められるかを生徒に気づかせる。整理されたポイントに従い，さいころトーク（さいころを振って出た目に対応する話題について話す）を実施する。スキルの練習はフィードバックがしやすいよう，小グループ（4〜6名）で行う。クラス場面では班などの小グループで練習を行い，それぞれのグループには，補助者がつき，適切なスキルに対して賞賛を行うほうが望ましい。

　同様の手続きで，次に，会話に加わる場面のロールプレイを提示し，会話に加わるスキルのポイントを整理したあと，さいころを使って会話に途中から加わるスキルの練習を小グループで実施する。練習では，会話をしていた生徒2人と会話に加わった生徒の両者の気持ちを発表させ，どちらにとっても楽しい会話であったことを確認する。

　終了後，振り返りシートで本日のスキルの理解度，習得度等を確認する。また，チャレンジカードを用意し，本時に学んだスキルを学校や家庭で実践できるように伝える。

第13章　対人不安予防プログラム

	学習活動と生徒の様子（○：教師，◆：生徒）	ポイントと留意点
導入	（1）3分間，テーマを与え（例：昨日の夕食）2人組で会話して，よかった点や困った点について話し合う。 ◆「楽しい」「話が続かない」「沈黙が多いな…」 （2）本時のめあてを知る。 ・会話には3つの段階（開始，維持，終了）があることを押さえ，めあてカードを掲示する。 会話の達人になろう	・楽しさと困った点を気づかせ，学習の動機づけを図る。 ・会話の始め方と加わり方を学習することを知らせる。
展開	（3）「会話を始める場面」のロールプレイを見る。 ○「2つの場面をみんなに見せます。どちらがよいのか，またどんなところがよいのか考えながら見ましょう」 ・場面例：タロウ君はジロウ君と昨日のテレビ番組の話がしたいと思っている。そこで，タロウ君はジロウ君に「昨日の○○って番組見た？」と話しかける。 （4）上手な会話の始め方のポイントを知る。 ○「どちらの，どんなところがよかったですか」 ◆「目を見ていた」「声が大きかった」「笑顔だった」 　①相手の目を見る　②相手に聞こえる声の大きさで話しかける　③状況に応じた表情で話しかける （5）グループごとの上手な会話の始め方を練習する。 ・各グループに，さいころ・会話のテーマカードを配る。 ・学習のルールカードを提示する。 　学習のルール 　　・笑わない・恥ずかしがらない・文句や悪口を言わない ○「上手な会話の始め方を練習します。グループでさいころトークをします。ルールを守って楽しく技を磨きましょう」 （6）「会話に途中から加わる場面」のロールプレイを見る。 ・場面例：ハナコさんはマユミさんとマリさんが話しているマンガの話に加わりたいと思っている。そこで，ハナコさんは2人に「私も○○の話に入れて」と話しかける。 （7）上手な会話の加わり方のポイントを知る。 　上記①〜③＋④会話が途切れたときに話しかける （8）グループごとに上手な会話の始め方を練習する。	・ロールプレイを通して，問題場面を提示し，教師が生徒の前でよい例と悪い例を見せる。 ・どの意見も肯定的に認め，ポイントカードを掲示して，よい会話の始め方のモデルを押さえさせる。 ・グループで2人が会話する（出た目の内容を1人が話しかけ，1人が答える）。 ・賞賛を繰り返し，スキルを強化する。 ・「会話の始め方」と同様にロールプレイとさいころトークを行う。
まとめ	（9）本時の活動を振り返る。 ・振り返りカードを書き，スキルをチェックする。 （10）学習のまとめをする。 ○「今日学習したのは，会話を始める段階です。次回は，会話を続ける段階の練習をします」 ・チャレンジカードを配り，学校や家庭といった日常でのスキルの実行を促す。	・時間があれば，数人に感想を聞く。 ・学校や家庭でも実践できるよう，チャレンジカードを用いて意欲をもたせる。

Part4　感情コントロールをめざすソーシャルスキル教育の実践

第7回の展開
標的スキル　エクスポージャー

苦手な場面に挑戦してみよう！

（Aさんはあまり親しくないけど…）

● 本時のねらい

対人不安の改善のためには、エクスポージャーの手続きが不可欠である。この時間では、これまで学んできたソーシャルスキルを使いながら、エクスポージャーの原理と実践方法を学ぶことを目的とする。

● 準備物

・スキルのポイントカード，めあてカード
・チャレンジの階段カード（P.190参照）
・不安の変化の表（P.191参照）
・さいころ，会話のテーマカード，チャレンジカード（必要に応じて，アンケート）

● 展開の概要

まず，不安な場面になぜチャレンジするのかという点について，例を使いながら説明する。例えば，「近所に怖い犬がいたとして，その犬と何度も接触していたら，その犬に対する気持ちはどうなると思う？」といった発問をして，話し合いをさせる。そこで，①初めは不安が高いが，自然に下がる，②何回もチャレンジすると不安が小さくなる，という2点を確認する。エクスポージャーをうまく実施するためには，この2点を生徒にしっかりと理解させることが大切である。

次に，生徒個人の問題に合わせ，チャレンジの階段を作成する（右例参照。チャレンジの階段シート

テーマ　会話	
	不安の高さ
少し知り合いの同級生	100
先輩	60
担任の先生	45
全然知らない同級生	30
仲のよい同級生	10

テーマ　スピーチ	
	不安の高さ
全校生徒の前で	100
何人かの先生の前で	80
学級の生徒の前で	70
仲のよい友達の前で	40
家族の前で	10

「チャレンジの階段」の記入例

は，P.190）。このチャレンジの階段は，なるべく一貫したテーマで作成することが望まれる。①テーマを決める，②カードに不安な場面をいくつか書く，③不安の高いほうから低いほうへ並べる，④不安の高さを100点満点で評価する，⑤その中から，5つを抜粋し，階段形式に並べる，の手順で行う。学級全員に対して行う場合，不安な場面が思いつかない生徒のために，不安を感じやすい場面をアンケートなどであらかじめ調べておき，ヒントを出してもよい。

　実際にエクスポージャーを実施するときには，学級の実情に合わせて適宜実施する。小グループであれば，実際に生徒が不安を感じる場面で，エクスポージャーを実施することが可能である。生徒と話し合って，実際にチャレンジするテーマを決定する。生徒にとってやりがいがあり，適度に困難であるが，成功する確率が高いものを選ぶ（成人の社会不安障害の治療では75％程度成功する場面を採用する場合もある。アンドリュースら，2003）。

● 学級全体での実施

　学級全員に対して行う場合は，授業の中で，生徒個人のテーマに合わせて，全員がエクスポージャーに参加することはむずかしい。その場合，「学級でのスピーチ」「5人以上の異性の友人との会話」など，学級内で実施できるテーマをいくつか用意する方法がある。その場面の不安得点を生徒に評価させ，その得点で20～40点程度の不安をもつ生徒が代表でエクスポージャーをする。会話などに不安を感じない生徒には，ほかの生徒のチャレンジを注意深く観察させる。そして，その前後での不安の変化について話し合う。重要なことは，エクスポージャーの原理を生徒が理解し，苦手な場面でもチャレンジすれば，不安が減るのだということを把握することである。このような方法の場合は，クラス内での体験を踏まえ，宿題においては，実際に生徒が自分の苦手な場面にチャレンジするよう促す必要がある。チャレンジカードなどを用いて，生徒に積極的なチャレンジを促し，チャレンジしたことは，その後の時間で認めてあげることが大切である。

　また対人不安を抱える生徒の中には，ものごとを否定的に解釈しがちな傾向をもつ生徒が少なくない。その場合は必要に応じて，第14章「抑うつ予防プログラム」の中に含まれる認知的再体制化の授業をあわせて行うことができる。

実践の結果

1 実践の概要

ここでは，DSM-IV-TR（高橋ら，2002）などの記述を参考に高い対人不安を抱えるとみられる中学生の男子生徒1名を選択し，紹介した手続きを適用した例を紹介する。それぞれのスキルを練習した後，会話場面をエクスポージャー場面として用いた。本事例の不安階層表は右の通りである。不安階層表から，「若い男性との会話」を，エクスポージャー場面として採用した。

	不安の高さ
若い女性との会話	100
中年の男性との会話	50
年配の女性との会話	40
年配の男性との会話	30
若い男性との会話	30

2 効果判定

ここでは，チャレンジの階段の不安の高さのみを，エクスポージャーの効果を測定する指標として用いた。第1回では2回の会話を実施した。その結果，30点から20点まで点数が低減したが，第2回では点数が30点に戻っていた。そのため，さらに同じ相手に対して3回の会話をした。合計5回のエクスポージャーを行った結果，不安の高さは30点から15点に減少した。

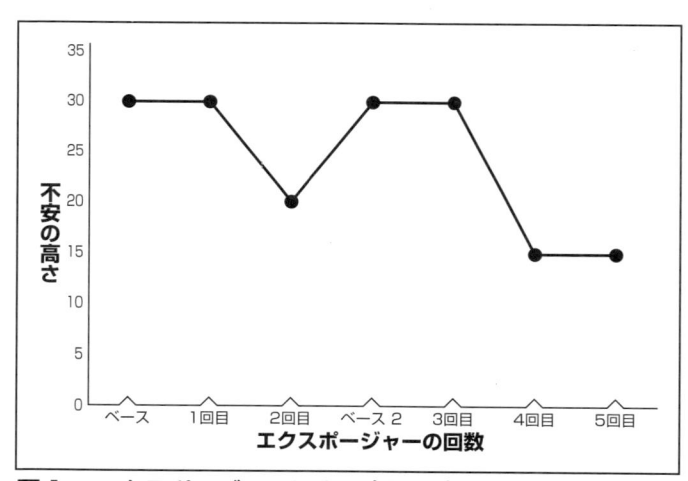

図1 エクスポージャーによる自己評定の不安の高さの変化

3 今後の課題

冒頭で述べたように，本プログラムはこれから実践が期待されるプログラムである。本

事例は一事例のみの検討であり，小集団，もしくは学級における実践はこれから行われる。今後は，このようなプログラムを集団に適用し，効果の検討をする必要がある。さきほども述べたように，ある一群の子どもを集め，プログラムを実施する手続きは，学校の状況によってはむずかしいかもしれない。そのため，学級全体で実施する，予防を目的とした実践も期待される。

　次に，測定ツールの開発も重要な課題である。現在，児童用対人不安傾向尺度（松尾・新井，1998）などが開発されているが，これは，対人的な不安症状そのものを測定するものではないうえ，小学生を対象としている。したがって，中学生を対象とした適切な尺度の開発が今後，必要である。

引用・参考文献

- G.アンドリュース／M.クリーマー／R.クリーノ／C.ハント／L.ランプ／A.ペイジ，古川壽亮監訳『不安障害の認知行動療法（2）：社会恐怖』星和書店，2003年。
- D. C. Beidel, S. M. Turner & T. L. Morris, "Behavioral treatment of childhood social phobia." Journal of Consulting and Clinical Psychology, 68, 2000, pp.1072-1080.
- C. Masia-Warner, R. G. Klein, H. C. Dent, P. H. Fisher, J. Alvir, A. Marie Albano & M. Guardino, "School-based intervention for adolescents with social anxiety disorder: Results of a controlled study." Journal of Abnormal Child Psychology, 33（6）, 2005, pp.707-722.
- 松尾直博・新井邦二郎「児童の対人不安傾向と公的自己意識，対人的自己効力感との関係」『教育心理学研究』46（1），1998年，21-30頁。
- S. H. Spence, C. Donovan, & M. Brechman-Toussaint, "The treatment of childhood social phobia: The effectiveness of a social skills training-based, cognitive-behavioural intervention, with and without parental involvement." Journal of Child Psychology and Psychiatry and Allied Disciplines, 41（6），2000, pp.713-736.
- 高橋三郎・大野裕・染矢俊幸（訳）『DSM-IV-TR　精神疾患の診断・統計マニュアル』医学書院，2002年。

振り返りカード　会話の始め方

(　月　　日　第3回)　　年　組　氏名

☆今日の授業を振り返って，次の質問に答えてください。

(1) 今日の授業は楽しかったですか？

| ぜんぜん楽しくなかった | あまり楽しくなかった | 少し楽しかった | とても楽しかった |

(2) 「会話の始め方」のスキルのポイントはわかりましたか

| ぜんぜんわからなかった | あまりわからなかった | 少しわかった | とてもよくわかった |

(3) 今日の授業で，「会話の始め方」のスキルを使うことができましたか？

| ぜんぜんできなかった | あまりできなかった | 少しできた | とてもよくできた |

(4) 「会話の始め方」のスキルをふだんの生活で使える自信がありますか？

| ぜんぜんない | あまりない | 少しある | とてもある |

(5) 「こころの健康」の授業の感想を書いてください。

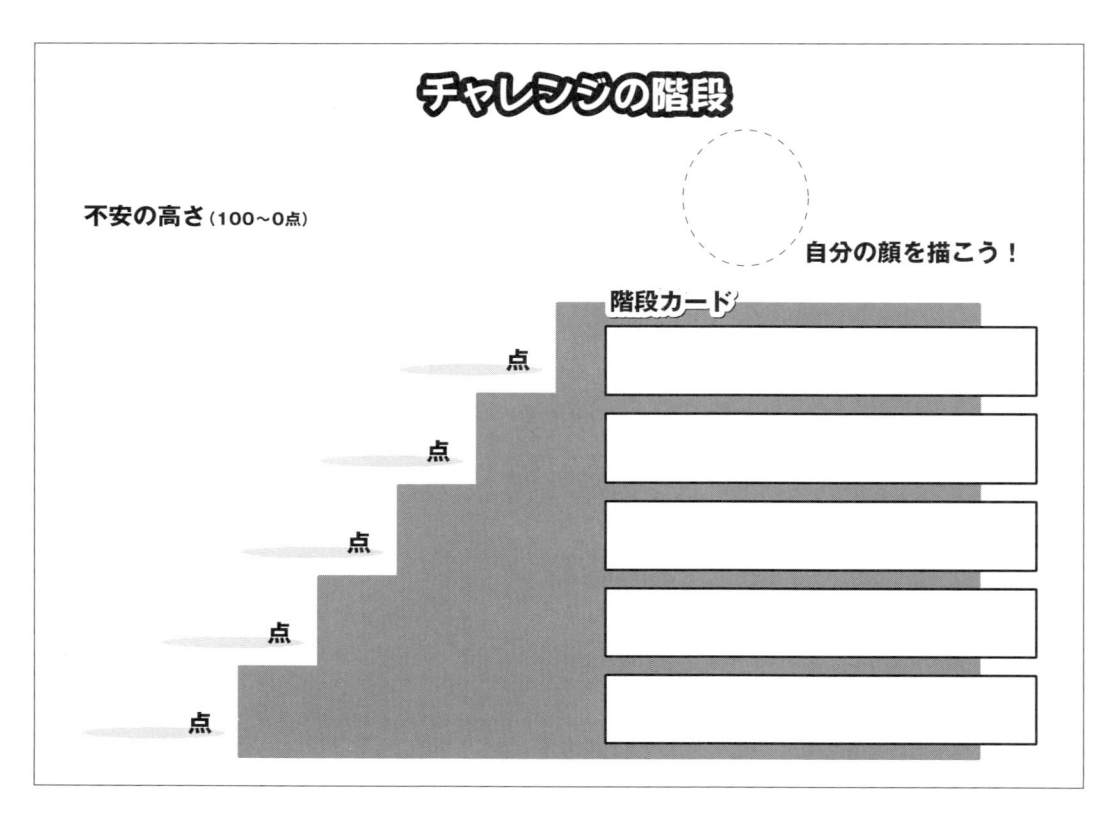

先生から一言

チャレンジの階段

不安の高さ（100～0点）

自分の顔を描こう！

階段カード

点

点

点

点

点

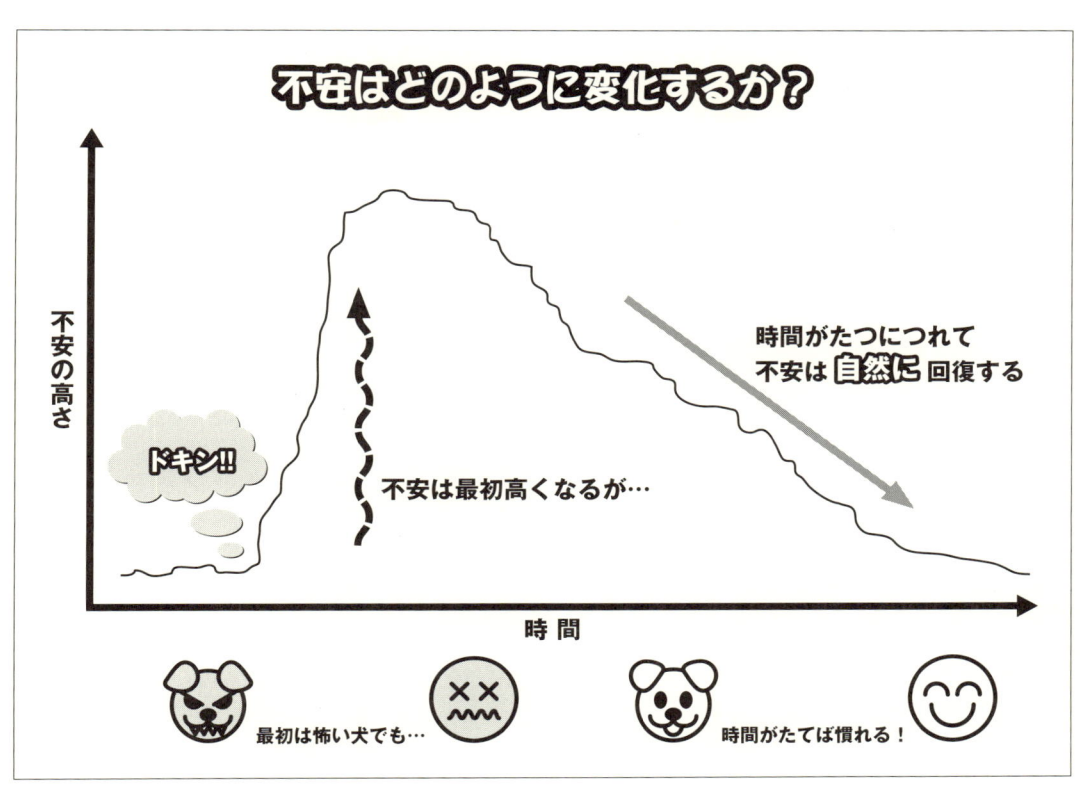

不安はどのように変化するか？

- 不安は最初高くなるが…
- ドキン!!
- 時間がたつにつれて不安は**自然に**回復する
- 最初は怖い犬でも…
- 時間がたてば慣れる！

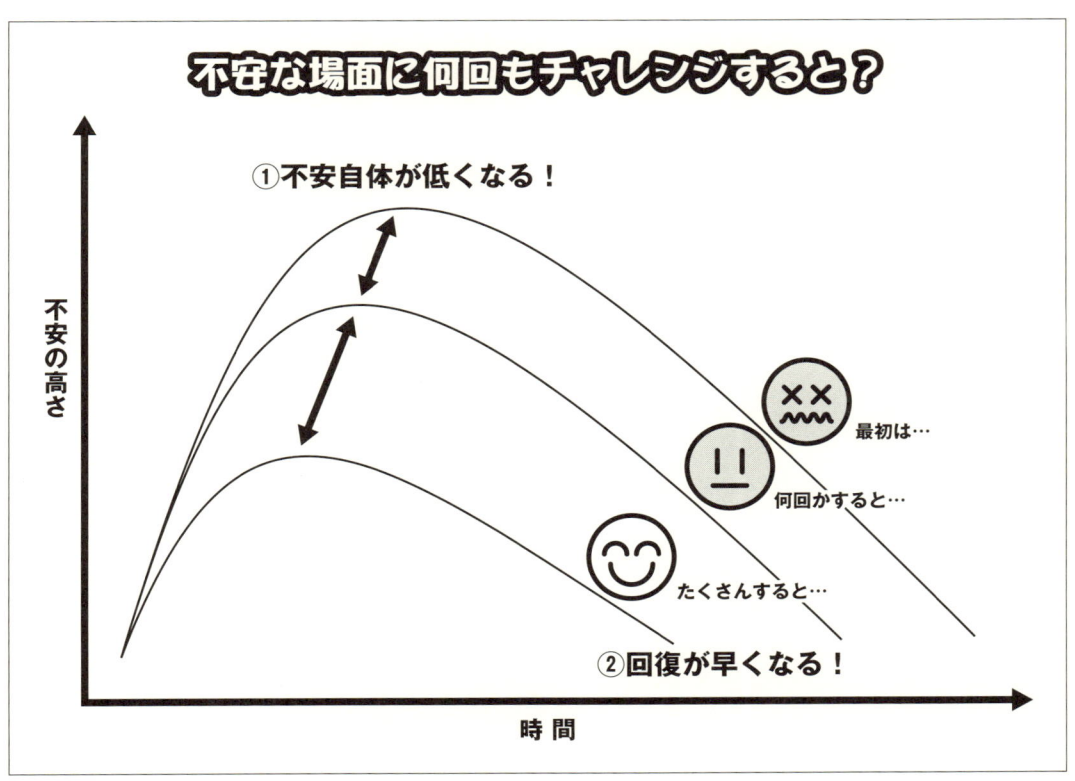

不安な場面に何回もチャレンジすると？

- ①不安自体が低くなる！
- 最初は…
- 何回かすると…
- たくさんすると…
- ②回復が早くなる！

第14章 抑うつ予防プログラム

黒木秀一

2年生　学活・総合　全8回

1 なぜ本実践にソーシャルスキル教育で迫ったか

　本実践は，青年期の抑うつに対する予防をおもな目的としている。近年，日本でもうつ病性障害は若い年代において有病率が上昇している。中学生の22.8％が高い抑うつ傾向を示すことがわかっている。青年期の抑うつ症状は，学業成績や学習意欲，社会的不適応，薬物使用，自殺などとの関連がみられることから，学校不適応と結びつきやすい。さらに，後のうつ病性障害の発生率を上昇させる。このことから青年期の抑うつに対して早期の対応が必要であるといえる。

　うつの原因の一つに対人関係に起因するストレスがある。これは「感情がコントロールできない」など，適切なソーシャルスキルを身につけていないことが関連している。そこで，ソーシャルスキル教育（以下，SSE）で適切なスキルを身につけることによって，対人関係のストレスを低減し，抑うつ症状を予防しようと考えた。

　本実践では，生徒の抑うつレベルを減少させるために，「怒りコントロール」「認知の変容」などを柱とする全8回の授業を計画した。相手も自分も傷つかずに良好な人間関係を醸成することをねらって，「怒りコントロール」スキルの習得を取り入れた。また，抑うつレベルの高い生徒はネガティブな思考をする傾向にあるので，「認知の変容」を授業に取り入れ，ポジティブな思考をさせることで，抑うつレベルの減少をめざした。

2 本実践のねらい・標的スキルを選んだ根拠

　この抑うつ予防プログラムの中には，SSEの中から，「主張性スキル」と「問題解決ス

キル」を含んでいる。対象生徒への事前のアセスメントにより，主張性スキルが低く，上手に相手に頼んだり，断ったりすることが苦手な生徒が多いことがわかった。「上手な頼み方」「断り方」などのスキルを習得して，人間関係の醸成を図っていけば，これらの生徒の抑うつレベルは下がると考えた。また，感情のコントロールにより，怒りの感情を抑えることでも抑うつレベルの減少につながると考えた。

3 全体計画と考え方　全8回

　事前・事後のアセスメントと，全8回の授業で構成した。事前と事後の査定は，朝自習の時間を活用して実施し，ストレス（岡安・嶋田・坂野，1992。P.101参照），ソーシャルスキル（戸ヶ崎・岡安・坂野，1997），ソーシャルサポート（岡安・高山，1999。P.202参照），抑うつレベル（村田ほか，1996。P.166参照／Kovac，1985）について個人の実態を調べ，統計をとった。授業では「簡単なリラクゼーション・怒りコントロール」「認知の変容」などの内容を取り扱い，学級活動と総合的な学習の時間で4時間ずつ実施した。

　ワークシートは，1回当たり平均5〜6枚配布し，1つのファイルに綴じていった（全49枚）。実際の指導計画は以下の表にまとめた。第3回からは，モデリングやリハーサルなどSSEの基礎の部分を含むため，活動の手順を毎時間パネルを用いて認識させた。また，第6回からは問題解決的な要素を多く取り入れて，スキルを向上させることで，抑うつレベルを下げることにつながると考えた。

第1回	ふだんの活動と気持ちを調べよう	学級活動
第2回	助けになる人はだれですか	総合的な学習の時間
第3回	気持ちを大切にして伝えよう	学級活動　展開アリ!
第4回	上手に頼もう	総合的な学習の時間
第5回	気持ちのコントロール	学級活動
第6回	いろいろな解決方法を考えよう	総合的な学習の時間　展開アリ!
第7回	感情と思考について	学級活動
第8回	別の考え方をしてみよう	総合的な学習の時間

　全8回の授業後，介入前に行ったものと同じ項目で実態を調査し，生徒の抑うつレベルがどのように変化するかを考察した。また，ソーシャルスキルと抑うつ症状がどのように相関しているかも調査した。最終的には，どのような授業内容が，抑うつ予防に効果的であるかも検討していきたいと考えている。

第3回の展開
標的スキル　上手な断り方

気持ちを大切にして伝えよう

> ポイントを知って断る練習をしましょう
> ごめんね
> 用事があるから
> 遊びに行けないんだ

● 本時のねらい

　本時は，自分も相手も嫌な気持ちにならずに上手に断る方法を身につけさせることがねらいである。生徒の中には，相手からある要求があったときに，断りたくても，人間関係が崩れてしまうかもしれないといった不安を抱き，断れない者もいる。そのような状況が続くと，ストレスがたまり，抑うつレベルも上昇すると思われる。そこで，この回を通して，応じることのできない相手の要求に対して上手に断る方法を学び，断ることが正当であることに気づかせたい。

● 準備物

・ワークシート2種（P.200参照）　・自己評価カード
・目標などのパネル　・リハーサルの注意事項，ポイント（指導案参照）を書いた掲示物

● 実践の様子と結果

　授業の導入で，断ることについて生徒に尋ねたところ，うまく断ることができないと感じている生徒が半数おり，上手な断り方を習得したいという意欲をもたせることができた。

　また，養護教諭とペアになって，①不適切な断り方，②適切な断り方を見せたときに，何がよかったのか，悪かったのかを積極的に発言し，指摘することができていた。実際の活動では，4人1組の班に分かれて，ロールプレイを行い，お互いに賞賛し合ったり，改善点を指摘することができた。生徒たちの授業後の感想では，楽しく活発に活動できたと答えた生徒がほとんどだったが，人前で演技するのが恥ずかしかったと答えた生徒も何人かいた。しかし，本時で学んだことがこれからの生活に生かせるという前向きな感想がほとんどであった。

第14章 抑うつ予防プログラム

	学習活動と生徒の様子	ポイントと留意点
導入	（1）前時の復習をする（ソーシャルサポートについて）。 （2）本時の目標を知る。 ○断りたいのに断れなかった経験を思い出させる。 ・相手の無理な頼みを，断れなかったこと ・断ったのにうまくいかなかったこと ・断ったらその人との関係がまずくなったこと	・ワークシートに記入させる。 ・断り方のまずさがストレスにつながることを認識させる。
展開	（3）教師の演技を見る。 ・場面「これから一緒に街まで遊びに行かない？」 →「今日はほかの用事があるから遊びに行きたくないなあ」という気持ちを表すように3つの例を演技し，よい点，改善点を考えさせる。 （4）上手な断り方のポイントを知る。 ・あやまる……「ごめんね」 ・理由を言う……「用事があるから」 ・断る…………「今日は街に遊びに行けない」 ・代わりの言葉…「また今度誘って」 （5）言い方のポイントを知る。 ・相手の近くで　　・相手を見て ・聞こえる声で　　・状況に応じた表情で （6）以下の場面で断り方を考え，ワークシートに記入する。 ①部活動を休むとき ②買い物に行こうと誘われたとき ③宿題を見せてと言われたとき ④ある同級生を無視しようと言われたとき （7）上記で考えた対処法をもとに，以下の注意事項を踏まえ，グループでロールプレイをする。 　　ふざけない　恥ずかしがらない　人の失敗を笑わない ・2人ずつでペアを組ませ，頼む役，断る役を交互に演技する。上記の中から2つないし3つは演技させる。その際，④は必ず演技させる。	・養護教諭と3パターン演じる（①厳しい拒否，②もじもじして断れない，③理由を述べて適切に断る）。 ・ポイントをしっかり踏まえて断れば，相手も自分も嫌な思いをしないことを理解させる。 ・左記の4例には，問題行動も含まれているので，真剣に解決策を考えさせたい。 ・ロールプレイをする際には，必ず注意事項を確認し，活発に活動できる雰囲気づくりをする。
まとめ	（8）本時の活動を振り返り，気づいたことをまとめる。 ・ロールプレイを振り返らせ，うまく活動できたかを確認する。 （9）本時のポイントを再確認し，自己評価シートに記入する。 ・教師の講話を聞く。 ・自己評価シートに感想を書く。	・ワークシートに記入させる。 ・断ると嫌われるという概念が誤っていることに気づかせ，上手に断れば相手は嫌な気持ちにならない

Part4　感情コントロールをめざすソーシャルスキル教育の実践

第6回の展開
標的スキル　問題解決スキル

いろいろな解決方法を考えよう

● 本時のねらい

　本時は，自分が困難な状況になったとき，自分の不快な感情を抑えるとともに，相手の心情に配慮した対処方法を身につけさせることがねらいである。ここでは，人が困難な状況に直面したとき，「自分だけが落ち込んだり嫌な気分になったりする場合」「相手に八つ当たりして，同時に自分も不快になる場合」「相手も自分も不快にならない場合」の3つに大きく分けられると仮定し，物事に対していろいろな対処法を考え，その中で最善の方法をとることが，相手も自分も不快な気持ちにならずに済むことを理解させたい。

● 準備物

- ワークシート（P.201参照）
- 目標などのパネル
- こころの信号（右図）

赤	ストップ
黄	考えてみよう
青	やってみよう

こころの信号

● 実践の様子と結果

　授業の導入で，生徒Aが勉強しなさいと言われ，腹を立てて雑誌をテレビに投げつけるという劇を見せたとき，自分もそのような行動をとったことがあるという生徒が数名おり，興味をもって活動に取り組ませることができた。例題を使って対処法を考えさせたら，多くの方法をあげることができたが，実際に困難な状況に直面したときは，考える余裕がなく，冷静に対応できていないことが多いことがわかった。そこで，「こころの信号」を使って，まず冷静になり，次に相手も自分も嫌な気持ちにならない方法をしっかりと考えることの大切さを指導した。また，ロールプレイのときに，前時までに学習した「上手な頼み方」や「断り方」を想起させ，これらのスキルを適切に使用することが，トラブルを回避することにつながることを授業の最後に説明した。

第14章 抑うつ予防プログラム

	学習活動と生徒の様子	ポイントと留意点
導入	（1）前時の復習をする（こころの信号のストップの部分）。 （2）教師の演技を見る。 ・場面「テレビを見ていたら，親から勉強しなさいと注意される」→「雑誌をテレビに投げつけて部屋を去る」 （3）本時の目標を知る。 　　自分も相手も嫌な気持ちにならずに問題を解決する方法を学ぼう。	・リラクゼーションの復習をする。 ・養護教諭とのロールプレイを見せる。
展開	（4）上記の劇で，別の解決法がないか考え，班員の意見を下記の3つの観点に分類する。 ・相手も自分も嫌な気持ちにならない方法 ・相手も自分も嫌な気持ちになる方法 ・自分だけが嫌な気持ちになる方法 （5）「こころの信号」の「考えてみよう」の要点を整理する。 ・最初に考えついたことを，すぐに実行に移さない。 　↓ ・いろいろなやり方を考える。 　↓ ・その中で自分も相手も嫌な気持ちにならない方法を選ぶ。 （6）3つの例題に対してどのように対処するかいくつか考え，ワークシートに記入する。 ・いくつか考えた中で，「相手も自分も嫌な気持ちにならないやり方」に当てはまるものを選び，○をつける。 （7）上の（6）で考えた例題を，グループで練習する。 ・自分が読もうとしていたマンガを，いますぐ貸してと言われたとき ・バスケットでパスミスをして，相手から厳しい言葉で言われたとき ・給食で自分のデザートを，欲しいと強引に言われたとき	・まず，劇とは別の対処法を個人で考えさせた後，班で意見をもち寄り，3つの観点に分類させる。 ・「こころの信号」の「考えてみよう」の部分であることを認識させる。 ・1つではなく，よい対応，悪い対応を含めて，いくつか書き出す。 ・グループ内でペアをつくり，交互に役割を交代する。ほかのメンバーは，その演技に対して賞賛をするよう指導する。
まとめ	（8）こころの信号の図を見て，一連の流れを確認する。 ・「冷静になり，方策を落ち着いて考え，いちばんうまくいく方法を選ぶ」という手順を確認する。 　赤…ストップ 　黄…考えてみよう 　青…やってみよう ・「上手な頼み方」「断り方」のポイントも使うと，人間関係もうまく築くことができることを認識する。 （9）自己評価シートに感想を書く。	・前時の「ストップ」から想起させ，本時の授業とのつながりを確認する。 ・最初はうまくいかなくても本時の内容を心がけて生活すれば，人間関係もうまく築けるようになると認識させたい。

Part4 感情コントロールをめざすソーシャルスキル教育の実践

実践の結果

❶ 評定結果の比較と振り返り

　本実践の全8回からなる抑うつ予防プログラムの実施で，生徒の変容を事前―事後の査定により測定したところ，統計的な有意差を得るにはいたらなかった。しかし，ソーシャルスキルの総得点が80.86から81.36と上昇，教師や仲間から支援されているという実感をとらえるソーシャルサポート得点が15.0から15.3と上昇したので，スキルを身につけたことと，対人関係に対して安心感を得たことがわかった。抑うつの得点ではDSRS（村田・清水・森・大島，1996）で12.5から10.4へと減少し，CDI（Kovacs，1985）で19.3から18.2へと減少していたので，抑うつレベルが軽減したといえる。また，生徒のプログラム終了後の感想も前向きな意見が多く，今回学んだことをこれからの生活の中で生かしていきたいと答えた生徒が多数存在した。

❷ 実践で留意した点と振り返り

　この実践でいちばん配慮した点は，お互いを認め合うことの重要性を理解させることである。グループ活動を多く取り入れるため，引っ込み思案の生徒がスムーズに活動できるよう，発表や行動リハーサル後は必ず賞賛することを各回で確認した。また，各回の後には必ず感想を書かせ，積極的に活動できたかを振り返らせた。また，ロールプレイで扱う例は，実際生活で困難と思われるものを多く取り入れ，練習を積み重ねれば，日常生活でも生かせることを認識させた。

❸ 今後の課題

　本プログラムを実践した学級はまだ1学級しかないため，抑うつレベルを下げられるかどうかは正確には実証されていない。これから，多くの学級にこのプログラムを実践し，本プログラムの効果を実証していきたい。また，この学級のフォローアップデータをとり，各回のどの部分を改善していけば抑うつレベルが下がるかを検討していく必要がある。し

かし，本実践では，どの回でも生徒が積極的に活動に参加し，スキル得点やソーシャルサポートの得点も上昇しているので，今後もこのプログラムのいくつかを実践し，強化することを検討している。また，本実践で導入した以外のスキルも取り入れて，抑うつ予防プログラムの改善を図り，効果のあるプログラムとして広めていきたい。

引用・参考文献

・M. Kovacs, "The Children's Depression, Inventory (CDI)", Psychopharmachology Bulletin, 21, 1985, pp.995-998.

・村田豊久・清水亜紀・森陽二郎・大島祥子「学校における子どものうつ病—Birlesonの小児期うつ病スケールからの検討—」『最新精神医学』1（2），1996年，131-138頁。

・岡安孝弘・嶋田洋徳・坂野雄二「中学生用ストレス反応尺度の作成の試み」『早稲田大学人間科学研究』5（1），1992年，23-29頁。

・岡安孝弘・高山巖「中学生用メンタルヘルス・チェックリスト（簡易版）の作成」『宮崎大学教育学部教育実践研究指導センター研究紀要』6，1999年，73-84頁。

・佐藤正二・相川充（編）『実践！ソーシャルスキル教育　小学校』図書文化，2005年。

・佐藤正二・佐藤容子（編）『学校におけるSST実践ガイド—子どもの対人スキル指導—』金剛出版，2006年。

・戸ヶ崎泰子・岡安孝弘・坂野雄二「中学生の社会的スキルと学校ストレスの関係」『健康心理学研究』10（1），1997年，23-32頁。

気持ちを大切にして伝えよう

街に遊びに行こうと誘われましたが、家に帰ってすることがあるので、カラオケには行きたくないな…

上のような場面で、Aさんは、どんな言い方をしていましたか。劇を見ながら気づいたことを書きましょう。

パターン	生徒Aの言い方	よかったところ、工夫したほうがよいところ
パターン1		
パターン2		
パターン3		

気持ちを大切にして伝えよう

★以下の場面での断り方を考えてみよう。

場面	部活動を休むとき
断り方	
注意点	

場面	買い物に行こうと誘われたとき
断り方	
注意点	

場面	宿題を見せてと言われたとき
断り方	
注意点	

場面	ある同級生を無視しようと言われたとき
断り方	
注意点	

いろいろな解決方法を考えよう

次の場面について，いろいろなやり方を考えて書き出しましょう。次に相手も自分も嫌な気持ちにならずに，あなたがやりやすそうなやり方に○をつけてみましょう。友達と話し合いながらやってもいいです。

> あなたはずっと読みたかったマンガをたったいま買ったところです。いますぐに読もうと思っています。すると友達が「あっ！そのマンガ，とても読みたかったんだよ。今日貸してよ！」と言ってきました。

> 体育の授業でバスケットボールをしていて，自分がパスをミスしてしまったときに，相手の友達が，「きちんとパス出してよ！」と言ってきました。

> 今日の給食は，大好物のプリンがデザートですが，食い意地の張っているA君が「そのプリン，おれに食わせろよ！」と言ってきました。

本書で使用した尺度　12

メンタルヘルス・チェックリスト（中学生用・簡易版）

1．この調査は，あなたがふだんの生活でどのようなことを感じているかを調べるものです。
2．成績とは，何の関係もありませんので，あなたがいつも感じていることや思っていることを，ありのまま正直に答えてください。
3．友だちと相談したり，まねをしたりしないで，あなたの考えで答えてください。
4．それぞれの質問に対する答は，調査票の回答らんに直接記入してください。
5．質問には，順番どおりに答えていってください。また，記入もれのないように注意してください。
6．何かわからないことがありましたら，先生に質問してください。

【A】ここでは，最近のあなたの気持ちや体のようすについてうかがいます。下の文章をよく読んで，**全くあてはまらない**場合は0に，**少しあてはまる**場合は1に，**かなりあてはまる**場合は2に，**非常にあてはまる**場合は3に，○をつけてください。

1	よく眠れない	0	1	2	3
2	さみしい気持ちだ	0	1	2	3
3	だれかに，いかりをぶつけたい	0	1	2	3
4	ひとつのことに集中することができない	0	1	2	3
5	頭が痛い	0	1	2	3
6	泣きたい気分だ	0	1	2	3
7	いかりを感じる	0	1	2	3
8	むずかしいことを考えることができない	0	1	2	3
9	体がだるい	0	1	2	3
10	悲しい	0	1	2	3
11	腹立たしい気分だ	0	1	2	3
12	根気がない	0	1	2	3
13	疲れやすい	0	1	2	3
14	心が暗い	0	1	2	3
15	いらいらする	0	1	2	3
16	勉強が手につかない	0	1	2	3

【B】あなたは，ここ数か月間のうちに，下に書いてあるようなことをどのくらい経験しましたか。よく思い出して答えてください。そして，**全然なかった**場合には0に，**たまにあった**場合には1に，**ときどきあった**場合には2に，**よくあった**場合には3に○をつけてください。

1	自分は悪くないのに，先生からしかられたり，注意されたりした	0	1	2	3
2	顔やスタイルのことで，友だちにいやなことを言われた	0	1	2	3
3	先生や両親から期待されるような成績がとれなかった	0	1	2	3
4	先生から，自分と他人を比べるような言い方をされた	0	1	2	3
5	クラスの友だちから，仲間はずれにされた	0	1	2	3
6	一生けんめい勉強しているのに，成績がのびなかった	0	1	2	3
7	先生が，えこひいきをした	0	1	2	3
8	自分の性格のことや自分のしたことについて，友だちにいやなことを言われた	0	1	2	3
9	人が簡単にできる問題でも，自分にはできなかった	0	1	2	3
10	先生が自分を理解してくれなかった	0	1	2	3
11	友だちに，いやなことをされたり，言われたりした	0	1	2	3
12	試験や通知票の成績が悪かった	0	1	2	3

【C】あなたは、まわりの人たちが、ふだん、どのくらいあなたの助けになってくれると感じていますか。以下の質問について、それぞれの人ごとに、もっともあてはまる数字に○をつけてください。

(1) あなたに元気がないと、すぐ気づいて、はげましてくれる

	ちがうと思う	たぶんちがうと思う	たぶんそうだと思う	きっとそうだと思う
父さんの場合	0	1	2	3
母さんの場合	0	1	2	3
担任の先生の場合	0	1	2	3
友達の場合	0	1	2	3

(2) あなたが何か失敗をしても、そっと助けてくれる

	ちがうと思う	たぶんちがうと思う	たぶんそうだと思う	きっとそうだと思う
父さんの場合	0	1	2	3
母さんの場合	0	1	2	3
担任の先生の場合	0	1	2	3
友達の場合	0	1	2	3

(3) ふだんからあなたの気持ちをよくわかってくれる

	ちがうと思う	たぶんちがうと思う	たぶんそうだと思う	きっとそうだと思う
父さんの場合	0	1	2	3
母さんの場合	0	1	2	3
担任の先生の場合	0	1	2	3
友達の場合	0	1	2	3

(4) あなたが何かなやんでいると知ったら、どうしたらよいか教えてくれる

	ちがうと思う	たぶんちがうと思う	たぶんそうだと思う	きっとそうだと思う
父さんの場合	0	1	2	3
母さんの場合	0	1	2	3
担任の先生の場合	0	1	2	3
友達の場合	0	1	2	3

集計表

( )年 ( )組 氏名( )

◎集計のしかた

〔1〕各カテゴリーについて，以下のように粗点の合計を求める（カッコ内は項目の番号）。

- ●ストレス症状（質問【A】）
  - 身体的症状 ＝（1）＋（5）＋（9）＋（13）＝（ ）
  - 抑うつ・不安 ＝（2）＋（6）＋（10）＋（14）＝（ ）
  - 不機嫌・怒り ＝（3）＋（7）＋（11）＋（15）＝（ ）
  - 無力感 ＝（4）＋（8）＋（12）＋（16）＝（ ）
- ●ストレス因（質問【B】）
  - 先生との関係 ＝（1）＋（4）＋（7）＋（10）＝（ ）
  - 友人関係 ＝（2）＋（5）＋（8）＋（11）＝（ ）
  - 学　　業 ＝（3）＋（6）＋（9）＋（12）＝（ ）
- ●ソーシャルサポート（質問【C】の4つの項目の合計）
  - 父　　親＝（ ）
  - 母　　親＝（ ）
  - 担任教師＝（ ）
  - 友だち　＝（ ）

〔2〕下図の各カテゴリーについて，上記の合計点数に該当する数字を○で囲み，線で結ぶ。

〔3〕多くのカテゴリーについて，グレーゾーンにかかる場合は注意が必要とされる。

【A】ストレス症状

パーセンタイル		60	70	80	90	
身体症状	1以下　2	3	4	5	6	7　8　9　10 11 12
抑うつ・不安	0	1	2	3	4　5	6　7 8 9以上
不機嫌・怒り	1以下　2	3	4	5	6　7	8 9　10　11　12
無力感	2以下	3	4	5	6　7	8　9 10以上

【B】ストレス因

パーセンタイル		60	70	80	90	
先生との関係	1以下	2	3　4	5　6	7　8	9 10以上
友人関係	1以下	2	3	4　5	6　7　8　9 10以上	
学業	4以下　5	6	7	8	9	10　11　12

【C】ソーシャルサポート

パーセンタイル		10	20	30	40	
父親	4	5　6	7	8	9	10 11以上
母親	4　5　6	7　8	9	10	11	12以上
担任教師		4　5	6　7	8	9 10以上	
友だち	4　5　6　7	8　9	10	11	12以上	

岡安孝弘・高山　巖「中学生用メンタルヘルス・チェックリスト（簡易版）の作成」『宮崎大学教育学部附属教育実践研究指導センター研究紀要』6，1999年，73-84頁より転載

あとがき

　「子どもたちに残したい財産は人間関係能力である」。本書の姉妹編『実践！ソーシャルスキル教育　小学校　―対人関係を育てる授業の最前線―』（図書文化，2005年）のまえがきに私が書いたことばである。このことばは，中学校で実践するソーシャルスキル教育（以下，SSE）を紹介する本書においても大切なことばとして残しておきたいと思う。

　さて，本書のテーマとなっている中学校におけるSSEは，小学校で実践されているSSEと比較すると，その実践の歴史はまだ浅く，ここ数年の間に学校現場で急激に普及するようになった。そのためにSSEを実践する中学校の教師にとっては，標的スキルの選択や教材の開発等を手探りで進めなければならないことが多く，実践にあたってさまざまな不便があったのではないかと思う。本書では，そうした不便さをばねにして，先進的にSSEに取り組んでこられた中学校教師の実践を紹介している。まさに中学校におけるSSEの最前線の報告である。

　本書の中には，小学校とは違った，中学校ならではのSSEをつくり上げようと苦闘した実践もある。またSSEの効果を教師の単なる主観ではなく，データで示そうとした意欲的な実践も含まれている。さらには，中学生で頻発するメンタルヘルスの問題を改善するためにSSEを活用しようと熱心に取り組んだ実践も報告されている。そして，本書のなによりも大きな特徴は，中学生にとって必要とされるソーシャルスキルの提案と指導案・教材の提示があることだろう。ぜひ活用していただきたい。

　ただし，本書は中学校におけるSSEの最前線からの報告であるだけに，実践上の課題や改良を必要とする点も多く含まれている。例えば，各章で取り上げられているそれぞれの実践は著者自身の実践であって，その実践の成果がほかの中学校や学級で同じような成果を示すことができるのかどうかは十分に明らかにされているわけではない。真にSSEの実践の成果だというためには，追試が必要である。それぞれの章で取り上げられているテーマとその成果をぜひ追試していただきたい。また中学校におけるSSEの成果を明確に示すためには，客観的な証拠（エビデンス）に基づいた評価を取り入れることもあわせて推奨したいと思う。この点も今後の課題である。

　最後に本書の出版にあたって図書文化・出版部の東則孝氏と牧野希世氏に惜しみないご支援をいただいた。記して心より感謝申し上げたい。

平成18年9月

佐藤正二

■編集者

相川　充　あいかわ・あつし　1955年群馬県高崎市生まれ。東京学芸大学教育学部教授。広島大学大学院博士課程修了。博士（心理学）。宮崎大学助教授を経て現職。編著に『社会的スキルと対人関係』誠信書房，翻訳に『思いやりの人間関係スキル』誠信書房，『子ども援助の社会的スキル』川島書店，著書に『人づきあいの極意』河出書房新社，『愛する人の死，そして癒されるまで』大和出版など。

佐藤　正二　さとう・しょうじ　1951年大分県大分郡挟間町生まれ。宮崎大学教育文化学部教授。広島大学大学院博士課程前期修了。編著に『臨床心理学：ベーシック現代心理学8』有斐閣，『実践！ソーシャルスキル教育　小学校』図書文化，翻訳に『子どもの対人行動』岩崎学術出版社，『子どもの社会的スキル訓練』金剛出版，『子ども援助の社会的スキル』川島書店など。

■執筆者（50音順，2006年9月現在）

荒木　幸一	宮崎県立みやざき学園主査
石川　信一	宮崎大学教育文化学部講師
江村　理奈	広島大学大学院教育学研究科博士課程後期大学院生
岡田　智	ながやまメンタルクリニック臨床心理士
金山　元春	学校法人天理大学健康管理室教育心理相談室カウンセラー 広島大学大学院教育学研究科博士課程後期大学院生
熊本万里子	佐賀県鹿島市立西部中学校教諭
黒木　秀一	小林市立永久津中学校教諭
佐藤　容子	宮崎大学教育文化学部教授
嶋田　洋徳	早稲田大学人間科学学術院助教授
清水　井一	上尾市立西中学校校長
宝田　幸嗣	富山県総合教育センター教育相談部研究主事
坪内英津子	小金井市立南中学校教諭
戸ヶ崎泰子	宮崎大学教育文化学部助教授
橋本　登	さいたま市立与野東中学校教諭
南川　華奈	西宮市立総合教育センター教育相談員
山崎　勝之	鳴門教育大学人間形成講座教授
渡辺　弥生	法政大学文学部教授

実践！ ソーシャルスキル教育　中学校
―対人関係能力を育てる授業の最前線―

2006年11月20日　初版第1刷発行　　［検印省略］
2015年10月10日　初版第11刷発行

編　者	©相川　充・佐藤正二	
発行人	福富　泉	
発行所	株式会社　図書文化社	
	〒112-0012　東京都文京区大塚1-4-15	
	TEL.03-3943-2511　FAX.03-3943-2519	
	振替　00160-7-67697	
	http://www.toshobunka.co.jp/	
装　幀	株式会社　図書文化社	
ＤＴＰ	有限会社　美創	
印刷所	株式会社　厚徳社	
製本所	株式会社　厚徳社	

JCOPY ＜(社)出版者著作権管理機構 委託出版物＞
本書の無断複写は著作権法上での例外を除き禁じられています。複写される場合は，そのつど事前に，(社)出版者著作権管理機構（電話 03-3513-6969, FAX 03-3513-6979, e-mail: info@jcopy.or.jp）の許諾を得てください。

ISBN 978-4-8100-6483-4 C3037
乱丁・落丁本の場合はお取り替えいたします。
定価はカバーに表示してあります。

ソーシャルスキル教育関連商品

ビデオ
さわやかな自己表現
アサーション・トレーニング
【全4部】
原理と実践
監修・平木典子

子どもの自己表現力を育てる
待望のビデオ登場！

第1部 原理編
●約120分 ●本体18,000円

アサーションについての講義をまとめてありその真髄を学べます。学校教育の一環として展開するためのヒントも豊富です。

第2部 小学校 低中学年 実践編（解説／平木典子）
●約60分 ●本体18,000円

小学校3年生を対象にした実践例です。非主観的，攻撃的，とそのどちらでもないアサーティブな言い方の違いを学びます。子どもたちの活き活きとした気づきが感動的なビデオです。

第3部 小学校 高学年 実践編（解説／平木典子）
●約60分 ●本体18,000円【教材用映像付属】

小学校5年生を対象にした実践例です。教材映像を使って3つの言い方について学びます。子どもたちの心のなかでおこるドラマチックな展開と心の成長をうかがわせる貴重な記録です。［教材用映像4編付属］

第4部 中学校 実践編（解説／平木典子）
●約75分 ●本体18,000円

その1「友だちにほめ言葉のプレゼントをしよう」（中学3年生）友だちのよい面を見つけてことばにしてお互いにプレゼントします。その2「よく聞くためのコツ」（中学2年生）ロールプレイを見て，よく聞くためにはどうしたらよいかを発見していきます。その3「さわやかさんで言ってみよう」（中学1年生）生徒たちが考えたアサーティブになりにくいシチュエーションでの発言の仕方を発表します。

企画・製作・著作
株式会社テレマック
〒106-0032 東京都港区六本木4-3-11
六本木ユニハウス408
Tel.03-3408-0417 Fax.03-3408-0427

発売
株式会社図書文化社
〒112-0012 東京都文京区大塚1-4-15
Tel.03-3943-2511 Fax.03-3943-2519
URl.http://www.toshobunka.co.jp

※本体価格には別途税がかかります